高等学校教师教育规划教材

语 文
一年级

上册

积累与应用

南京大学出版社

高等学校教师教育规划教材

语 文
一年级 上册
积累与应用

主　　编　　杨九俊　　汪　政
副 主 编　　江锡铨　　郭毅浩　　章跃一
编写人员　　王兆平　　陈艺鸣　　赵晓梅
　　　　　　张克中　　方钧鹤　　孙国强
　　　　　　高　青
本版修订　　高　青　　赵文萱

目 录

第一单元 1
沁园春·长沙 1
我爱这土地 2
在寒冷的腊月的夜里 4
祖国呵,我亲爱的祖国 5
死水／断章 8
黄土地 10
面朝大海,春暖花开 12

第二单元 14
金岳霖先生 14
假如给我三天光明(节选) 16
故乡的榕树 19
我所知道的康桥 22
秦腔 24

第三单元 28
走向正在消逝的冰川
——寄自长江源的家书 28
老师,对不起 30
关于北京城墙存废问题的讨论 32
白发的期盼(节选) 34
不要活在新闻里 38

第四单元 ··· 40
    在马克思墓前的讲话 ································· 40
    友邦惊诧论 ·· 42
    人生的境界 ·· 45
    咬文嚼字 ··· 48
    巴尔扎克葬词 ·· 51

第五单元 ··· 54
    短歌行 ·· 54
    春江花月夜 ·· 56
    燕歌行 ·· 58
    梦游天姥吟留别 ···································· 60
    琵琶行并序 ·· 62

参考答案 ··· 65

第一单元

沁园春·长沙

一、积累与整合

1. 给下列加点的字注音。
   (1) 百舸争流（　　）　　(2) 怅寥廓（　　）
   (3) 挥斥方遒（　　）　　(4) 浪遏飞舟（　　）

2. 分别写出词作上下阕中押韵的字。
   (1) 上阕"秋"_____
   (2) 下阕"游"_____

3. 上阕描写湘江壮丽的秋景，以"看"字领起；下阕回忆峥嵘的斗争岁月，以"恰"字领起。请默写各自领起的句子。

   看_____，_____；_____，_____。_____，_____，_____。

   恰_____，_____；_____，_____。_____，_____，_____。

4. 调整"独立寒秋，湘江北去，橘子洲头"的词序和句序，并把上阕改写成散文。
   (1) 调整：_____
   (2) 改写：_____
   _____
   _____
   _____
   _____
   _____
   _____

二、阅读与思考

1. (1) 寒秋中的湘江秋景图具有怎样的特点？(2) 表达了诗人什么样的感情？

2. 诗人是如何回答"谁主沉浮"这个问题的?

三、应用与拓展

1. 试将这首词与作者《沁园春·雪》作比较,选择一个角度作简要赏析(如写景特点、语言特点、思想感情等)。

2. 再读一些毛泽东的诗词,摘抄至少 10 句名言警句。

3. 以"春"为话题,写一首赞美春天的诗歌。题目自拟,不少于 10 行。

我爱这土地

一、积累与整合

1.《我爱这土地》的作者是_____,原名_____,笔名_____、_____等。这首诗写于_____年,除这首诗外,他的著名诗作还有_____、_____等。

2. 作者说,"假如我是一只鸟,我也应该用嘶哑的喉咙歌唱";作者还说,"然后我死了,连羽毛也腐烂在土地里面",你是怎样理解这两句诗的?

_____

_____

3. 用饱满的激情朗诵并默写这首诗。

二、阅读与思考

1. 诗中的"土地"、"河流"、"风"、"黎明"连同它前面的修饰语组成了鲜明的四组意象,它们分别具有哪些象征意义?

_____

_____

_____

2. (1) 这首诗表达了作者什么样的思想感情?(2) 为什么要采用象征手法来表达这种感情?

_____

_____

三、应用与拓展

1. 试将这首诗与刘湛秋的《中国的土地》作比较,结合不同的背景,谈谈两首诗抒发的情感和表现手法有哪些异同。

_____

_____

_____

_____

2. 艾青常以"土地"、"太阳"为意象写诗。请尝试写作艾青笔下的"土地"或"太阳"。

_____

_____

_____

_____

在寒冷的腊月的夜里

一、积累与整合

1. 给下列加点的字注音。
   (1) 腊月(　　)　(2) 憩息(　　)　(3) 打鼾(　　)　(4) 牛轭(　　)

2. 这首诗选自_____,作者穆旦,原名_____。他和其他"九叶派"的诗人吸收了西方后期_____和_____诗人的某些表现手法,丰富了新诗的表现手法。

3. 激情朗读全诗,用"/"线给第一小节划分节奏,体味现代诗歌的韵律美。

    在寒冷的腊月的夜里,风扫着北方的平原,
    北方的田野是枯干的,大麦和谷子已经推进村庄,
    岁月尽竭了,牲口憩息了,村外的小河冻结了,
    在古老的路上,在田野的纵横里闪着一盏灯光,
    一副厚重的,多纹的脸,
    他想什么?他做什么?
    在这亲切的,为吱哑的轮子压死的路上。

二、阅读与思考

1. 简析诗中"北方的平原""村庄"、"古老的路"意象的含义及作用。
_____
_____

2. 简析"一副厚重的,多纹的脸"的他和啼哭"儿郎"这两个人物形象的特点及象征意义。
_____
_____
_____
_____

3. 请说出下面诗句的含义。

    在门口,那些用旧了的镰刀,
    锄头,牛轭,石磨,大车,
    静静地,正承接着雪花的飘落。

_____

三、应用与拓展

1. 阅读下面这首短诗,简析它与《在寒冷的腊月的夜里》这首诗在表达的思想情感和表现手法上的异同。

冬　夜

穆　旦

更声仿佛带来了夜的严肃,
寂寞笼罩在墙上凝静着的影子,
默然对着面前的一本书,疲倦了
树,也许正在凛风中瑟缩,

夜,不知在什么时候现出了死静,
风沙在院子里卷起来了;
脑中模糊地映过一片阴暗的往事,
远处,有凄恻而尖锐的叫卖声。

(1934年)11月3日偶作

_____

_____

_____

2. 请以"夜行者"为题,写一首不少于两节10行的写景抒情诗。

_____

_____

_____

_____

祖国呵,我亲爱的祖国

一、积累与整合

1. 给下列加点的字注音。

(1) 疲惫(　　)　(2) 干瘪(　　)　(3) 纤绳(　　)　(4) 簇新(　　)

(5)喷薄(　　)　　(6)迷惘(　　)　　(7)沸腾(　　)

2. 这首诗选自_____,舒婷,女,原名_____,著有_____、_____等。诗人借用苏联诗人沃兹涅先斯基《戈雅》的_____句式并有所创造,写出了"我"和祖国的关系。

3. 用"/"线给第一小节划分节奏,体会诗歌的韵律美。

　　　　我是你河边上破旧的老水车

　　　　数百年来纺着疲惫的歌;

　　　　我是你额上熏黑的矿灯

　　　　照你在历史的隧洞里蜗行摸索;

　　　　我是干瘪的稻穗;是失修的路基;

　　　　是淤滩上的驳船

　　　　把纤绳深深

　　　　勒进你的肩膊;

二、阅读与思考

1. 说说下面两组意象的象征意义。

(1)破旧的老水车、熏黑的矿灯、干瘪的稻穗、失修的路基、淤滩上的驳船

_____
_____

(2)古莲的胚芽、雪白的起跑线、绯红的黎明

_____

2. 这首诗是以第一人称写的。诗中的"我"仅指作者一个人吗?"我"与祖国是一种什么关系?

_____
_____
_____
_____

3. 诗歌的每一小节都出现了"祖国呵"这样的呼告,表达的感情是一样的吗?请分析。

_____
_____
_____

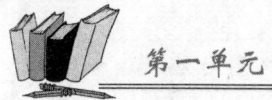

三、应用与拓展

1. (1) 什么是"朦胧诗"？(2)《祖国呵，我亲爱的祖国》是否具备了朦胧诗的特点？

2. 欣赏刘合庄的歌词《祖国啊！我永远热爱你》，回答下面的问题。

祖国啊！我永远热爱你

刘合庄

生我是这块土地，
养我是这块土地，
祖国啊！我永远热爱你！
尽管你还清贫，
啊！我总觉得生活是那么甜蜜；
尽管你还有忧虑，
啊！我总坚信未来是多么美丽，
啊！亲爱的祖国，
无论我走向哪里，
我的心紧紧贴在你的怀抱里。

生我是这块土地，
养我是这块土地，
祖国啊！我永远热爱你！
哪怕我是一棵小草，
啊！也要为你增添一丝新绿；
哪怕我是一滴水，
啊！也要为你荡漾起美丽的涟漪，

啊！亲爱的祖国，
无论我走向哪里，
我的爱深深埋在你的心坎里。

(1) 这两段歌词分别表达了作者对祖国怎样的感情？

(2) 这首歌词与舒婷《祖国呵,我亲爱的祖国》的语言特点有什么不同？

(3) 国庆节前夕,学校团委将举办一场以"祖国,我爱你"为主题的歌朗诵会。请你写一首抒情诗,参加这次活动。

死　水
断　章

一、积累与整合

1. 给下列加点的字注音。
(1) 漪沦(　　)　(2) 油腻(　　)　(3) 罗绮(　　)　(4) 酵成(　　)

2.《死水》选自＿＿＿＿＿＿,这首诗不仅成为新诗史上的杰作,而且成为＿＿＿＿＿＿的代表作。《断章》的作者是＿＿＿＿,这首诗选自＿＿＿＿＿＿＿。

3. 分别写出《死水》每节的韵脚。

第一节：＿＿＿＿＿；第二节：＿＿＿＿＿；第三节：＿＿＿＿＿；

第四节：＿＿＿＿＿；第五节：＿＿＿＿＿。

二、阅读与思考

1. 诗人面对令人绝望的死水,却用了"翡翠"、"桃花"、"罗绮"、"云霞"、"珍珠"这样一些艳丽鲜明,富有色彩感的词语。(1) 请简析这样写有什么作用。(2) 这样写寄寓了作者什么样的思想感情？

2. 举例分析《死水》这首诗音乐美的特点。

3.《断章》中,诗人是怎样表达"相对"这个哲理的?

三、应用与拓展

1. 阅读闻一多《烂果》这首诗,说说它在主旨和表现手法上与《死水》有哪些不同之处。

烂 果
闻一多

> 我的肉早被黑虫子咬烂了。
> 我睡在冷辣的青苔上,
> 索性让烂的越加烂了,
> 只等烂穿了我的核甲,
> 烂破了我的监牢,
> 我的幽闭的灵魂
> 便穿着豆绿的背心,
> 笑迷迷地要跳出来了!

2. 以"流星"为题写一首哲理小诗,不少于4行。
_____
_____

黄 土 地

一、积累与整合

1. 给下列加点字注音。
(1) 磅礴(　　)　(2) 期冀(　　)　(3) 陨落(　　)　(4) 碣碑(　　)

2.《黄土地》选自_____,作者是_____。代表作有_____、_____等。

3. 默写:
(1) 它的概念是时间,时间刻进了碣碑,_____,_____。
(2) 我想起无数,_____,_____……

二、阅读与思考

1. 作者笔下的"黄土地"具有怎样的特点?
_____
_____

2. 作品开篇使用了一组排比句,"黄土地是一种性格,黄土地是记忆,黄土地是含蓄而沉默的",试分析这组排比句在文中的作用。
_____
_____

三、应用与拓展

1. 阅读李瑛的诗歌《黄河落日》,回答下面的问题。

黄河落日

李　瑛

等了五千年
才见到这庄严的一刻
在染红一座座黄土塬之后
太阳,风风火火
望一眼涛涌的漩涡

终于落下了
辉煌的、凝重的
沉入滚滚浊波

淡了,帆影
远了,渔歌
此刻,大地全在沉默
凝思的树,严肃的鹰
倔强的陡峭的土壁
蒿艾气息的枯黄的草色

只有绛红的狂涛
长空下,站起又沉落
九万面旌旗翻卷
九万面鼙鼓云锣
一齐回响在重重沟壑
颤动的大地
竟如此惊心动魄

醉了,洪波
亮了,雷火
辛勤地跋涉了一天的太阳
坐在大河上回忆走过的路
历史已成废墟
草滩,燔火
峥嵘的山,固执的
裸露着筋络和骨骼
黄土层沉积着古东方
一个英雄民族的史诗和传说

远了,马鸣
断了,长戈

  如血的残照里
  只有雄浑沉郁的唐诗
  一个字一个字
  像余烬中闪亮的炭火
  和浪尖跳荡的星星一起
  在蟋蟀鸣叫的苍茫里闪烁

(1) 本诗的主体意象是"落日",请分析这一意象的含义。
_____
_____

(2) 请查阅本首诗歌的写作背景,结合背景及全诗谈谈作者所表达的思想感情。
_____
_____
_____

面朝大海,春暖花开

一、积累与整合

1. 给下列加点的字注音。
(1) 劈柴(　　)　(2) 眷属(　　)　(3) 秣马(　　)

2. 海子,原名_____,安徽怀宁人,代表作品有_____、_____等。

3. 默写。
从明天起,做一个幸福的人,_____,_____,_____。
从明天起,关心粮食和蔬菜,_____,_____,_____。

4. 下列关于《面朝大海,春暖花开》这首诗理解不正确的一项是（　　）

A. 诗人歌唱"面朝大海春暖花开",说明他已经从孤寂中走出来要去迎接美好的幸福生活。

B. 诗歌中连用了三个"从明天起",这表明作者要和过去的自己彻底决裂。

C. 海子虚拟的尘世生活的主调是田园牧歌式的,他很想生活得世俗一些,但因其脱离现实而难以实现。

D.《面朝大海,春暖花开》具有自由率真的抒情风格,这使得整首诗蒙上了一层童真的色彩。

二、阅读与思考

1. 在诗歌中,作者这样写道:"给每一条河每一座山取一个温暖的名字,陌生人,我也为你祝福。"这句话展现了作者怎样的情怀? 请谈谈你的理解。

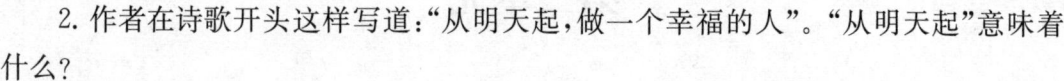

2. 作者在诗歌开头这样写道:"从明天起,做一个幸福的人"。"从明天起"意味着什么?

3. 在《面朝大海,春暖花开》这首诗的最后,作者为什么再次强调"我只愿面朝大海,春暖花开"? 请谈谈你的理解。

三、应用与拓展

1. 阅读海子的诗歌《活在这珍贵的人间》,查阅相关资料,理解这首诗所表达的情感。

活在这珍贵的人间
海 子

活在这珍贵的人间
太阳强烈
水波温柔
一层层白云覆盖着
我踩在青草上
感到自己是彻底干净的黑土块

活在这珍贵的人间
泥土高溅
扑打面颊

活在这珍贵的人间
人类和植物一样幸福
爱情和雨水一样幸福

第二单元

金岳霖先生

一、积累与整合

1. 给下列加点的字注音。
   (1) 麂皮（   ）   (2) 逻辑（   ）   (3) 释鳏（   ）   (4) 脖颈（   ）
   (5) 蹬三轮（   ） (6) 毡子（   ）   (7) 枯燥（   ）   (8) 演绎（   ）
   (9) 夹克（   ）   (10) 呢帽（   ）   (11) 跳蚤（   ）   (12) 亲戚（   ）

2. 将下列词语补充完整。
   (1) 深居（   ）出   (2) 自得其（   ）   (3) 熙熙（   ）（   ）   (4) 君子之（   ）

3. 请列举出你所知道的汪曾祺的作品或作品集。

二、阅读与思考

1. 简析下列语段中加点词句所蕴含的情感。

   (1) 有一同学，大概是陈蕴珍，即萧珊，曾问过金先生："您为什么要搞逻辑？"逻辑课的前一半讲三段论，大前提、小前提、结论、周延、不周延、归纳、演绎……还比较有意思。后半部全是符号，简直像高等数学。她的意思是：这种学问多么枯燥！金先生的回答是："我觉得它很好玩。"

   (2) 西南联大有许多很有趣的教授，金岳霖先生是其中的一位。

2. 请说说你对下列语段的理解。

   (1) 他到处搜罗大梨、大石榴，拿去和别的教授的孩子比赛。比输了，就把梨或石榴送给他的小朋友，他再去买。

(2) 我对金先生所知甚少。希望熟知金先生的人把金先生好好写一写。联大的许多教授都应该有人好好地写一写。

三、应用与拓展

阅读短文，回答文后问题。

天游峰的扫路人

没攀登过天游峰的人，不能算到过武夷山。

天游峰——武夷山的第一险峰。九百多级石梯，像一根银丝从空中抛下来，在云雾中飘飘悠悠，仿佛风一吹就能断掉似的。那天，我终于顺着这根银丝上了峰顶，心里好不得意。下了山，已是傍晚时分。我游兴未尽，便踏着暮色，沿着小溪散步。在一片静寂中，我隐约听见"哗——哗——"的声音，颇有节奏地从岭下的竹丛中传来。这声音由远而近，一声比一声分明。我循声迎了上去，及至到了眼前，才看清是一位精瘦的人。他身穿一套褪色的衣服，足蹬一双棕色的运动鞋，正用一把竹扫帚清扫着路面。原来老人是游览区的扫路人，每天负责打扫登天游峰的石阶。

老人引我进了他的小屋，为我沏了一杯浓茶。茶，很热，很香，仿佛一股暖流，很快把我们俩的心灵沟通了。"如今游客多，您老工作挺累吧？"

"不累，不累，我每天早晨扫上山，傍晚扫下山，扫一程，歇一程，再把好山好水看一程。"他说得轻轻松松，自在悠闲。

我抬头望了望在暮色中顶天立地的天游峰，上山九百多级，下山九百多级，一上一下一千八百多级。那层层叠叠的石阶，常常使游客们气喘吁吁、大汗淋漓，甚至望而却步，半途而返。可是这位老人每天都要一级一级扫上去，再一级一级扫下来……我不禁倒抽了一口气。借着淡淡的星光，我仔细打量了他：瘦削的脸，面色黝黑，淡淡的眉毛下，一双慈善的眼睛炯炯有神。

"您老有60岁了吧？"

老人摇摇头，伸出了七个指头，然后悠然地说："按说，我早该退休了。可我实在离不开这里：喝的是雪花泉的水，吃的是自己种的大米和青菜，呼吸的是清爽的空气，而且还有花鸟做伴，我能舍得走吗？"

我紧紧抓住他的双手说:"30年后,我再来看您!"

"30年后,我照样请您喝茶!"说罢,老人朗声大笑。笑声惊动了竹丛的一对宿鸟,它们扑棱棱地飞了起来,又悄悄地落回原处。这充满自信、豁达开朗的笑声,一直伴随我回到住地。

1. 文章第二小节一开始写"天游峰——武夷山的第一险峰。九百多级石梯,像一根银丝从空中抛下来,在云雾中飘飘悠悠,仿佛风一吹就能断掉似的。"这对刻画天游峰的扫路人起到了什么作用?

_____

_____

2. "不累,不累,我每天早晨扫上山,傍晚扫下山,扫一程,歇一程,再把好山好水看一程。"从这句话你能读出天游峰的扫路人怎样的心绪和情怀?

_____

_____

3. 你觉得天游峰的扫路人是个怎样的人?你是从哪些地方看出来的?

_____

_____

_____

假如给我三天光明(节选)

一、整理与积累

1. 给加点的字注音。

(1) 粗糙(　　)　(2) 奢侈(　　)　(3) 哭泣(　　)　(4) 轮廓(　　)

(5) 时髦(　　)　(6) 懊悔(　　)　(7) 铿锵(　　)　(8) 钥匙(　　)

(9) 佳肴(　　)　(10) 倾听(　　)

2. 将下列词语补充完整。

(1) 大(　　)大摆　(2) 悠然自(　　)　(3) 天真无(　　)　(4) (　　)所当然

(5) 年(　　)一年　(6) 千(　　)百态　(7) 依依不(　　)　(8) (　　)古千年

3. 在下列横线处填上恰当的词语。

(1) 我希望长久地_____我亲爱的老师,安妮·莎莉文·梅西太太的面庞……以便我能够将它_____在我的记忆中……

(2) 在能看见的第一天下午,我将到森林里进行一次远足,让我的眼睛_____在自然界的美丽之中,在几小时内,拼命_____那经常展现在有正常视力的人面前的光辉灿烂的广阔奇观。

(3) 我将怀着_____之心,_____壮丽的曙光全景,与此同时,太阳唤醒了沉睡的大地。

4. 作者是如何安排这三天的?

二、阅读与思考

1. 请谈谈你对下列语段的理解。

(1) 我的眼睛决不轻易放过一件小事,它争取密切关注它所看到的每一件事物。有些景象令人愉快,使人陶醉;有些则是极其凄惨,令人伤感。对于后者,我绝不闭上我的双眼,因为它们也是生活的一部分。在它们面前闭上眼睛,就等于关闭了心房,关闭了思想。

(2) 在树林中穿行一个小时,却没有看到什么值得注意的东西,这怎么可能呢? 我自问着。我这个不能用眼睛看的人,仅仅凭借触觉,就能发现几百种使我感兴趣的东西。

2. 作者为什么设想"假如给我三天光明"? 表达了怎样的思想感情? 你从中受到什么启发?

三、应用与拓展

阅读短文,完成文后问题。

轮椅上的霍金

他在轮椅上坐了40年,全身只有三根手指会动,演讲和答问只能通过语音合成器来实现。然而，他撰写的科普著作《时间简史》在全世界拥有无数的读者。

他就是"宇宙之王"史蒂芬·霍金。

命运对霍金十分残酷。1963年，21岁的霍金在剑桥大学读研究生时，不幸患了会导致肌肉萎缩的卢伽雷氏症，不久就完全瘫痪，被长期禁锢在轮椅上。1985年，霍金又因患肺炎做了穿气管手术，又被彻底剥夺了说话的功能。40年过去了，疾病已使他的身体彻底变形：他的头只能朝右边倾斜，肩膀也是左低右高，双手紧紧地并在当中，握着手掌大小的拟声器键盘，两只脚则朝内扭曲着。嘴已经歪成S型，只要略带微笑，马上就会现出"龇牙咧嘴"的样子。现在，这已经成了他的标志性形象。他不能写字，看书必须依赖一种翻书的机器，读文献时必须让人将每一页平摊在一张大办公桌上，然后驱动轮椅如蚕吃桑叶般地逐页阅读。

医生曾诊断身患绝症的霍金只能活两年，但他一直顽强地活了下来，并且正是在这种令人难以想象的艰难中成为世界公认的科学巨人。虽然，他的身体一点也没有离开过轮椅，但是，他的思维却飞出了地球，飞出了太阳系，飞出了银河系，飞到了上百亿光年外的宇宙深处，飞向了神秘莫测的黑洞。他在大脑中想象着，论证着，计算着。他思考着宇宙从什么时候开始，时间有没有尽头。他发现了黑洞的蒸发性，推论出黑洞的大爆炸……他还建立了非常美的科学的宇宙模型。他被选为最年轻的英国皇家学会会员，成为只有像牛顿这样的大科学家才能跻身的卢卡逊数学讲座的教授。

比起整天被人众星捧月般的顶礼膜拜，他宁愿一个人静静地思考宇宙的命运。他的办公室门口通常会挂上一块木牌，上面写着：

"请保持安静，主人正在睡觉。"

那多半不是真的，霍金只是不愿被外人打扰。此时他一定坐在这间有着高高天花板的舒适小屋里，安静地在电脑前工作上好几个小时。周围两三盆植物当中摆放的是他三个孩子的照片。每天下午4点，他会在护士的帮助下与研究生们交谈。他们喝着下午茶，交流对宇宙的看法。如果有学生对他的理论提出质疑，他立即会给一个咧嘴笑容。

霍金的魅力不仅在于他是一个充满传奇色彩的物理天才，更因为他是一个令人折服的生活强者。他不断求索的科学精神和勇敢顽强的人格力量深深地感动了大众。

有一次，在学术报告结束之际，一位年轻的女记者抢先跃上讲坛，面对这位当时已在轮椅上生活了30多年的科学巨匠，深深景仰之余，又不无悲悯地问："霍金先生，病魔已将您永远固定在轮椅上，你不认为命运让你失去太多了吗？"

这个问题显然有些唐突和尖锐，报告厅内顿时鸦雀无声，一片静默。

霍金的脸上却依然充满恬静的微笑，他用还能活动的手指，艰难地叩击键盘，于是，随着合成器的标准伦敦音，宽大的投影屏上缓慢而醒目地显示出如下一段文字：

我的手指还能活动,

我的大脑还能思维;

我有终生追求的理想,

有我爱和爱我的亲人和朋友;

对了,我还有一颗感恩的心……

心灵震颤之余,掌声雷动。人们纷纷拥向台前,簇拥着这位非凡的科学家,向他表示由衷的敬意。

1. 年轻的女记者认为命运让霍金失去的太多,霍金是怎么认为的?你是怎么理解霍金的回答的?

_____

_____

2. 请说说从文章的哪些地方可以看出霍金是一位"非凡"的科学家?

_____

_____

3. 读了这篇文章后,你受到了怎样的启示?

_____

_____

_____

故乡的榕树

一、积累与整合

1. 给加点的字注音。

(1) 翁郁(　　)　(2) 摇曳(　　)　(3) 未泯(　　)　(4) 淳朴(　　)

(5) 溪畔(　　)　(6) 饭甑(　　)　(7) 漂泊(　　)　(8) 祈求(　　)

(9) 凉飕飕(　　)　(10) 恬静(　　)　(11) 荫庇(　　)　(12) 黝黑(　　)

(13) 搁浅(　　)　(14) 温馨(　　)

2. 将下列词语补充完整。

(1) (　　)波大雨　　(2) 高大(　　)梧　　(3) 四季常(　　)

(4) (　　)天动地　　(5) (　　)然自得　　(6) 赏心(　　)目

3. 从课文中找出合适的词语填入下边的空格。

（1）我怀念_____的小溪，_____的鹅卵石，_____的少女，_____的鸭子；我怀念_____的石桥，_____的石碑，_____的小石狮子。

（2）在儿时的梦里，它会顺着溪流把我们带到_____的田野上，绕过_____的山坡，穿过_____的橘树林，到大江大海去，到很远很美丽的地方去……

（3）在睡意蒙眬中，有嫦娥驾一片白云_____飞过，有桂花的清香自榕树枝头_____洒下来。而桥下的流水_____地唱着甜蜜的摇篮曲，催人在夜风温馨的抚摸中_____沉入梦乡……

4."记忆里的故事有榕树的叶子一样多"，故乡的榕树下，有哪些事情使"我"至今难忘？

_____

二、阅读与思考

1. 读读下列语段，说说你从中体会到作者怎样的感情。

（1）而我最难忘的是，每当过年的时候，老祖母都会叫我顺着那"驼背"爬到树上，折几枝四季常青的榕树枝，用来插在饭甑炊熟的米饭四周，祭祀祖先的神灵。那时候，慈爱的老祖母往往会蹀着缠得很小的"三寸金莲"，笃笃笃地走到石桥上，一边看着我爬树，一边唠唠叨叨地嘱咐我小心。而我虽然心里有点战战兢兢的，却总是装出毫不在乎的样子，把折到的树枝得意地朝她挥舞。

_____

（2）我仿佛刚刚从一场梦中醒转，身上还留有榕树叶隙漏下的清凉；但我确实知道，这一觉已睡过三十年，而人也已离乡千里万里外了！

_____

2. 如果把第(11)段段末画线的语句改写为陈述句："故乡的亲切的榕树啊，我是在你绿阴的怀抱中长大的，如果你有知觉，一定会知道我在遥远的异乡怀念你；如果你有思想，你一定会像慈母一样，思念我这漂泊天涯的游子的。"好不好？为什么？

_____

3. 文中介绍老榕树"驼背"时,写到了与"驼背"有关的蛇精的传说。这个传说在文中起到了什么作用?你是怎么理解的?

_____

_____

_____

三、应用与拓展

阅读短文,回答文后问题。

桂 花 雨

中秋节前后,正是故乡桂花盛开的季节。

小时候,我无论对什么花,都不懂得欣赏。父亲总是指指点点地告诉我,这是梅花,那是木兰花……但我除了记些名字外,并不喜欢。我喜欢的是桂花。桂花树的样子笨笨的,不像梅树那样有姿态。不开花时,只见满树叶子;开花时,仔细地在绿叶丛里寻找,才能看到那些小花。可是桂花的香气,太迷人了。

故乡靠海,8月是台风季节。桂花一开,母亲就开始担心了:"可别来台风啊!"母亲每天都要在前后院子走一回,嘴里念着:"只要不来台风,我就可以收几大箩。送一箩给得家老爷爷,送一箩给毛家老婆婆,"他们两家糕饼做得多。

桂花盛开的时候,不说香飘十里,至少前后十几家邻居,没有不浸在桂花香里。桂花成熟时,就应当"摇"。摇下来的桂花,朵朵完整、新鲜。如果让它开过,落在泥土里,尤其是被风雨吹浇,比摇下来的香味就差多了。

"摇桂花"对我来说是件大事。所以,我总是缠着母亲问:"妈,怎么还不摇桂花呢?"母亲说:"还早呢,花开的时间太短,摇不下来的。"可是母亲一看天上布满阴云,就知道要来台风了,赶紧叫大家提前摇桂花。这下,我可乐了,帮大人抱着桂花树,使劲地摇。摇呀摇,桂花纷纷落下来,人们满头满身都是桂花。我喊着:"啊!真像下雨,好香的雨啊!"

桂花摇落以后,挑去小枝,晒上几天太阳,收在铁盒子里,可以加在茶叶里泡茶,过年时还可以做糕饼。全年,整个村子都浸在桂花的香气里。

我念中学的时候,全家到了杭州。杭州有一处小山,全是桂花树,花开时那才是香飘十里。秋天,我常到那儿去赏桂花。回家时,总要捧一大袋桂花给母亲。可是母亲说:"这里的桂花再香,也比不上家乡院子里的桂花。"

于是,我又想起了在故乡童年时代的"摇花乐",还有那阵阵的桂花雨。

1. 文中写"'摇桂花'对我是大事",还描写了自己"摇桂花"的经历。你认为作者描写自己"摇桂花"的经历在文章中起什么作用?这表达了作者怎样的感情?

2. "可是母亲说:'这里的桂花再香,也比不上家乡院子里的桂花。'"对这句话你是怎么理解的?从中可以看出"母亲"怎样的情绪?

3. 你觉得《桂花雨》和《故乡的榕树》在构思和表达上有没有相类似的地方?请具体谈谈。

我所知道的康桥

一、积累与整合

1. 给加点的字注音。
   (1) 默契(　　)　　(2) 草坪(　　)　　(3) 根柢(　　)　　(4) 婆娑(　　)
   (5) 殷勤(　　)　　(6) 消遣(　　)　　(7) 窈窕(　　)(　　)
   (8) 睥睨(　　)(　　)
2. 请列举出你所知道的徐志摩的代表性作品或作品集。

二、阅读与理解

1. 作者说"康桥的灵性全在一条河上",为什么?请从文中找出理由来。

2. "一别两年多了,康桥,谁知我这思乡的隐忧?也不想别的,我只要那晚钟撼动的黄昏,没遮拦的田野,独自斜倚在软草里,看第一个大星在天边出现!"这段话体现了作者怎样的情感?

三、应用与拓展

阅读短文,回答文后问题。

田园诗情

荷兰,是水之国,花之国,也是牧场之国。

一条条运河之间的绿色低地上,黑白花牛,白头黑牛,白腰蓝嘴黑牛,在低头吃草。有的牛背上盖着防潮的毛毡。牛群吃草反刍,有时站立不动,仿佛正在思考什么。牛犊的模样像贵夫人,仪态端庄。老牛好似牛群的家长,无比尊严。极目远眺,四周全是碧绿的丝绒般的草原和黑白两色的花牛。这就是真正的荷兰。

这是真正的荷兰:碧绿色的低地镶嵌在一条条运河之间,成群的骏马,剽悍强壮,腿粗如圆柱,鬃毛随风飞扬。除了深深的野草遮掩着的运河,没有什么能够阻挡它们飞驰到乌德勒支或兹伏勒,辽阔无垠的原野似乎归它们所有,它们是这个自由王国的主人和公爵。

低地上还有白色的绵羊,它们在天堂般的绿色草原上,悠然自得。黑色的猪群,不停地呼噜着,像是对什么表示赞许。还有成千上万的小鸡,长毛山羊,但没有一个人影。这就是真正的荷兰。

只有到了傍晚,才看见有人驾着小船过来,坐上小板凳,给严肃沉默的奶牛挤奶。金色的晚霞铺在西天,远处偶尔传来汽笛声,接着又是一片寂静。在这里,谁都不叫喊吆喝,牛的脖子上的铃铛也没有响声,挤奶的人更是默默无言。

运河之中,装满奶桶的船只舒缓平稳地行驶,汽车火车,都装载着一罐一罐的牛奶运往城市。车过之后,一切又归于平静,狗不叫,圈里的牛不发出哞哞声,马蹄也不踢马房的挡板,真是万籁俱寂。沉睡的牲畜,无声的低地,漆黑的夜晚,只有远处的几座灯塔在闪烁着微弱的光芒。

这就是那真正的荷兰。

1. 文章从哪些方面表现荷兰是一个"牧场之国"的?

_____

_____

2. 读了这篇文章,荷兰给你留下了什么印象?

_____

_____

3. 这篇文章和《我所知道的康桥》在景物描写方面有没有相似的地方?请说说你的看法。

秦　腔

一、积累与整合

1. 给下列加点字注音。

(1) 纤秀(　　)　　(2) 木橡夹(　　)　　(3) 苦楝(　　)

(4) 犁铧(　　)　　(5) 石磙(　　)　　(6) 碌碡(　　)(　　)

(7) 天籁(　　)　　(8) 敦厚(　　)　　(9) 涤荡(　　)

(10) 揪心(　　)　　(11) 冗长(　　)　　(12) 煨熟(　　)

(13) 攒拥(　　)　　(14) 冒翎(　　)　　(15) 麦秸(　　)

(16) 喊喊喳喳(　　)

2. 将下列词语补充完整。

惟妙惟(　　)　　　　(　　)疲力尽　　　　天翻地(　　)

不偏不(　　)　　　　凶神恶(　　)

3. 填空题。

贾平凹,陕西人,中国现代作家,代表作品有＿＿＿＿＿＿、＿＿＿＿＿＿。

二、阅读与思考

1. 请结合全文谈谈对下列语句的理解。

(1) 这秦腔原来是秦川的天籁、地籁、人籁的共鸣啊!

＿＿＿

(2) 秦腔是他们大苦中的大乐。

＿＿＿

2. 指出下列语段使用的主要描写方法,并分析其作用。

(1) 再去接触一下秦人吧,活脱脱的一群秦始皇兵马俑的复出:高个,浓眉,眼和眼间隔略远,手和脚一样粗大,上身又稍稍见长于下身。

＿＿＿

(2) 女的就碎步后移,水上漂一样,台下就叫:瞧那腰身,那肩头,一身的戏呦!是男的就摇那帽翎,一会双摇,一会单摇,一边上下飞闪,一边纹丝不动,台下便叫:绝了,绝了!

三、应用与拓展

阅读短文,回答文后问题。

大青衣

胡 玲

原本宁静的村庄突然热闹了,乡亲们雀跃着欢呼着,纷纷奔走相告:今晚李大户家请柳月如来唱戏。

说起柳月如,在当地可谓声名赫赫,她是县剧团的名角,能听她唱戏,一睹她的风采,是很多人的梦想。

日落黄昏,乡亲们潮水般涌向李大户家,青莲好奇地跟在人群后。李大户家院里,灯火通明,高高的戏台前挤满了人,他们昂着头,瞪着眼,屏住呼吸,焦急地等待柳月如出场。青莲猫起身子,铆着劲儿朝前钻,像一尾滑溜的小鱼儿,钻到了人群最前面。

锣鼓铿锵,乐声四起,柳月如一袭飘逸的青色长裙,款款从幕布后走出来,身姿婀娜,莲步轻移,宛如踩在云端的仙女。喧闹的人群瞬间寂静。柳月如眼波流转,一翘兰花指,一抖水袖,行云流水,灵动自如。柳月如轻启朱唇,黄鹂一样清脆婉转的声音脱口而出。人们看呆了,听痴了,像木头人立在当地。青莲尚小,看不懂剧情,听不懂戏文,可柳月如仿佛带着一股子魔力,深深诱惑着青莲,让青莲的目光无法从她身上移走。她哭,青莲跟着哭;她笑,青莲也笑。

戏散,柳月如谢幕退下,乡亲们依依不舍地离去。青莲不走,她悄悄来到后台。

柳月如对镜卸妆,从镜子里看到了身后的青莲。小丫头,怎么还不回家?青莲紧盯柳月如,紧闭双唇不语。柳月如回头,上上下下打量着青莲,见青莲面容清秀,身形纤细,眼神里有股子坚毅倔强劲儿,说,真是个唱青衣的好坯子。可不管柳月如说什么,青莲就是不说话。最后,柳月如问,愿意跟我学戏吗?青莲终于开口,愿意,我要唱戏,像你一样。

青莲跟着柳月如学戏,大家都说青莲家祖坟冒青烟了,要知道,柳月如不轻易收徒的。柳月如对青莲很严,唱念做打,手把手教青莲,青莲学得稍有不佳,必然受罚。名师出高徒,十年勤学苦练,青莲成了剧团最出色的青衣。她扮相清丽端庄,音色清澈圆润,表演细腻庄重,秦香莲、白素贞、王宝钏,所有青衣角色被她演绎得栩栩如生、活灵活现。

不知从何时起,看戏的人少了。台上,青莲卖力表演;台下,看客寥寥无几。青莲的满腔激情,在日积月累中慢慢消散。

一天，一个打扮时尚的男人来剧团找青莲。青莲小姐，我们公司正在包装歌星，以你的形象和唱功，绝对能够火，你可有兴趣？青莲想也没想，说，我没兴趣！男人说，传统戏在本地已经没市场了，现在还有谁看戏？说着，男人把一张名片放在桌上。青莲小姐，走阳关大道，还是在一棵歪脖树上吊死，由你自己决定。说完，男人离开了。

那天，男人的话不断在青莲脑子里回荡，令她坐立难安。她去找柳月如。师傅，有人说我可以做歌星。柳月如说，咱们是唱戏之人，并非戏子。青莲说，没人爱看戏了，我想另寻出路。柳月如说，即使台下只有一个观众，我们也要唱下去。青莲脱下戏服，说，不，我再也不唱独角戏了。柳月如说，你出了剧团，咱们的师徒缘分也就尽了。青莲含着泪，头也不回地走出了剧团的大门。

青莲果然火了，唱歌、走穴、商演，她春风得意。热闹精彩的生活，使她早就淡忘了剧团和柳月如。

五年后的一天，青莲和老板在咖啡厅商谈演出事宜，青莲去得早，点了杯咖啡喝起来。不远处，有几个年轻人望着她窃窃私语。作为明星，她早已习惯了人们对她的关注和议论。看，那不是歌星青莲吗？她唱歌挺好听的。听说她以前是唱青衣的。她的唱功、动作、神态都有传统戏的影子。原来她以前是唱戏的啊，怪不得她唱歌有种与众不同的味道。他们的话飘进青莲耳朵里。

老板来了。青莲说，有个问题我一直想问你，你当初为什么觉得我能唱出来？老板一笑，因为你有戏剧底子，唱得有特色，要不然，你怎么会红？要知道，现在会唱歌的人一抓一大把。青莲内心如同被投进一块大石头，波涛汹涌。

晚上，青莲做了一个梦。梦里，柳月如和青莲唱《白蛇传》，柳月如演白蛇，青莲反串法海，两人对打起来，青莲一剑刺穿了柳月如的胸膛，柳月如倒在戏台上，鲜血染红了她的白衣。青莲从梦中惊醒。

第二天，青莲取消所有活动，赶到县剧团，却发现大门紧闭，向周围人打听，才知道，剧团生意冷清，半年前已经倒闭了。

青莲找到柳月如家里，看到的是柳月如的灵位。守灵的老太太说，我是月如的表姑，你是青莲吧？青莲一惊，你怎么知道？老太太说，月如说过，你迟早会来的。青莲问，师傅怎么走了？老太太说道：月如是个戏痴啊，爱戏的人越来越少，懂戏的人越来越少，她整日郁郁寡欢，剧团倒闭后，她大病一场。昨晚，她走了。临终前，她叮嘱我把一样东西交给你。说着，老太太拿出一个盒子递给青莲。青莲打开，是一套青衣的戏服，正是她初次看师傅唱戏时穿的那套。

师傅！青莲怆然泪下，跪倒在柳月如灵前。

没多久，县剧团重新开张。剧团的老板不是别人，正是青莲。锣鼓铿锵，乐声四起，青莲一袭飘逸的青色长裙，款款从幕布后走出来……

1. 围绕主人公青莲,文章主要写了哪几件事?
_____
_____

2. 文章为什么以"大青衣"为题? 请谈谈你的理解。
_____
_____
_____

3. 本篇短文体现了传统文化的现代生存困境,而中华优秀传统文化是中华民族的精神命脉。请结合本篇文章,谈谈如何继承和弘扬优秀传统文化。
_____
_____
_____
_____

第三单元

走向正在消逝的冰川
——寄自长江源的家书

一、积累与整合

1. 给下列加点的字注音或根据注音写出汉字。

(1) 冰雹(　　)　　(2) 张骞(　　)　　(3) 草墩(　　)

(4) 栖息(　　)　　(5) 孕育(　　)　　(6) 砾石(　　)

(7) 祈 dǎo(　　)　(8) páo(　　)哮　 (9) máo(　　)牛

2. 解释下列词语。

(1) 呻吟：_____

(2) 耸立：_____

(3) 沼泽：_____

(4) 吞噬：_____

(5) 眷恋：_____

(6) 奄奄一息：_____

3.《走向正在消逝的冰川》是一篇_____，作者借长江源_____大量冰川融化的现象表达了自己对长江源区环境的_____。

4. 作者用三封家书的形式链接节目的具体内容，三封家书各写于什么时候？它们分别链接了什么具体内容？

_____

_____

_____

二、阅读与思考

1. 在《走向正在消逝的冰川》一文中，作者对声音的处理很别致。仔细阅读全文对有关声音的描写，从中概括整理出作者在走向姜古迪如冰川过程中所见到的环境生态变化。

2. 阅读下文，回答问题。

亲爱的，今天晚上，我真的是枕着姜古迪如冰川睡觉。我们到冰川时已经是傍晚7点多了。灰蒙蒙的天、灰蒙蒙的冰川接待了我们。就在我累得倒在帐篷里大喘气的时候，外面有人叫开了："快出来，夕阳美极了。"我冲出帐篷，一抹夕阳正照在冰川上。幺妹宣布，她的婚礼要在姜古迪如冰川举行，她肯定是疯了。后来又一遍遍唱这首歌。唱着唱着，她哭了。

（歌声：是谁带来远古的呼唤，是谁留下千年的期盼，难道说还有无言的歌，还是那久久不能忘怀的眷恋……）

（哭声）

(1) 幺妹为什么一遍遍地唱《青藏高原》这首歌？(2) 她唱着唱着为什么又哭了呢？

_____

_____

_____

3. 阅读下文，回答问题。

亲爱的南宇，这就是今天的姜古迪如冰川，就是我们的母亲河长江的源头。和你想象中的一样吗？和我想象中的不太一样。我想象中的那片冰川圣洁、晶莹，古老而年轻，岁月和风霜不会在它身上留下什么痕迹。①可是在这里，我看见了它身上的皱纹，那些皱纹之间已经染上了风尘的颜色。而长江最初的水汽，正默默地顺着这些皱纹缓缓地滑下来，凝成滴，跌落在青灰色的砾石间。水滴们汇聚着，变成了浑浊泛着乳白色的细流。②不知道为什么，这景象让我的心有一种揪扯的痛感。应该说，现在这里还是一座冰雕的博物馆，但是我看到的是一座座冰雕正在融化，从这里一滴一滴的……

（滴水汇成了河）

(1) 读画线句①，联系相关内容，说明作者用"皱纹"比喻了什么？"那些皱纹之间已经染上了风尘的颜色"是什么意思？

_____

_____

(2) 读画线句②，回答作者为什么会有一种揪扯的痛感？

4. 在《走向正在消逝的冰川》的最后，作者为什么要把滴答的融水说成"哭成了一片"？作者说："阳光下，我觉得今天的姜古迪如冰川还未失去它的博大与宁静，那么明天呢？"这句话表达了作者怎样的态度？

三、应用与拓展

1. 第一封家书里有一段高原清晨的场景。如果是一般节目，主持人交代一下时间就行了，但广播特写不同，我们从中读到或听到了挤奶的"噗噗"声，小鸟的鸣叫声，藏族妇女的笑声夹杂着打酥油茶的嗵嗵声。请问：(1) 这样的声响处理有什么好处？(2) 如果让你再做进一步的音效处理，你会增减些什么声音？

2. "这是一个具有感染力的纪实作品。作者用家信的形式描述了对长江源的考察过程。这一亲切的叙述方式非常适合广播媒体。"这是亚广联评委对《走向正在消逝的冰川》所作评语中的一段话。"家信的形式""这一亲切的叙述方式"为什么适合广播媒体？

老师，对不起

一、积累与整合

1. 给下列加点的词注音或根据拼音写出汉字。
   (1) 鞭梢(　　)　　(2) 琢磨(　　)　　(3) 笼罩(　　)　　(4) 忏悔(　　)
   (5) 犹 yù(　　)　　(6) jiān(　　)视　　(7) 支 chēng(　　)　　(8) 震 hàn(　　)

2. 解释下列词语。
   (1) 压抑：

(2) 琢磨：_____

(3) 忏悔：_____

(4) 宽容：_____

(5) 笼罩：_____

(6) 阴影：_____

(7) 感染：_____

(8) 打草惊蛇：_____

3. 崔永元在《老师，对不起》这个节目里给观众和读者访谈出一个什么故事？

_____

_____

二、阅读与思考

1. 阅读史国良叙述自己和同学汇报老师有"反动"言论一段文字以及老师来家访一段文字，回答问题：

(1) 史国良的汇报行为与老师家访时史国良的频频点头说明了什么？(2) 老师说"你们真是孩子，真是个小孩"时有什么样的感情？

_____

_____

2. (1) 史国良的后悔与道歉在汇报的当年就开始了，请在文中找出来。(2) 既然当年就道歉了，史国良为何还要在后来苦寻几十年再次进行道歉呢？

_____

_____

3. 崔永元在请申老师出场的时候说"但是申老师愿意来，她觉得她应该对整个社会负责"，申老师的"对整个社会负责"是什么意思呢？

_____

_____

4. 冯骥才说："历史从来就是这样：一个是死去的历史，一个是活着的历史。"这句话怎么理解？

_____

5. 在节目最后,崔永元的结束语中有三个"高兴",请谈谈"高兴"背后的内容。

三、应用与拓展

1. 这是一次电视访谈节目,在对一个人进行采访之前,作为访谈人应该做哪些准备呢?在访谈过程中,主持人或访谈者应有哪些需要注意的地方?

2. 这次节目的价值在哪里?仅仅为了帮一个人实现他的道歉之举吗?

关于北京城墙存废问题的讨论

一、积累与整合

1. 给下列加点的字注音或根据拼音写出汉字。
(1) 阻梗(　　)　(2) 蔷薇(　　)　(3) 什刹海(　　)　(4) 磊拓(　　)
(5) xuān(　　)昂　(6) fén(　　)毁　(7) 泛 làn(　　)　(8) màn(　　)延

2. 解释下列词语。

(1) 狭隘:

(2) 嵯峨:

(3) 轩昂:

(4) 庸人自扰:

(5) 无可非议:

(6) 见树不见林:

3. 梁思成,＿＿＿新会人,著名＿＿＿＿、＿＿＿＿、中国建筑教育家。主要著作为《中国建筑史》《中国雕塑史》,有《梁思成文集》。

4. 依据全文内容,归纳总结主张拆除北京城墙者的主要"拆墙"理由。

二、阅读与思考

1. (1) 针对北京城墙"阻碍交通"一说,梁思成是如何辩驳的?(2) 你认为他的辩驳理由成立吗?

2. (1) 针对"封建遗迹"说,梁思成的辩驳思路是什么?(2) 在梁思成的眼中,北京城墙是什么?

3. 阅读下列语段,回答问题。

由主张保存者的立场来回答是:苦心的朋友们,北京城外并不缺少土地呀,四面都是广阔的平原,我们又为什么要费这样大的人力,用一两个野战军的人数,来取得这一带之地呢?拆除城墙所需的庞大的劳动力是可以积极生产许多有利于人民的产品的。将来我们有力量建设,砖窑业是必要发展的,用不着这样费事去取得。如此浪费人力,同时还要毁掉环绕着北京的一件国宝文物——与北京形体的壮丽有莫大关系的古代工程,对北京卫生有莫大功用的环城护城河——这不但是庸人自扰,简直是罪过的行动了。

从文段中看,拆除派所持的观点是什么?作者是如何辩驳的?它与梁思成驳"封建遗迹"说的手法有何相同与不同?

三、应用与拓展

下面是围绕"文学特长生能否特招"话题节选的一种观点,阅读后完成文后的题目。

自1997年恢复以来,虽历经改革却仍然维持其主要原则的高考制度,可以说是中国社会中最为公平的一项制度,也是最受中国老百姓信赖的一项制度。毫无疑问,这项制度在其变迁过程中已经生长出许多薄弱环节,比如不同地区的不平等的录取分数线、特殊人群的加分、保送生和特招生,等等。它们之所以成为高考制度易受攻击的软肋,正在于它们与高考制度所以立足的"分数面前人人平等"的公平公正原则直接冲突。

不过，这些附加规则因为仍然有比较明确的标准和严格的限制，所以从一定程度上来说，仍然处在可以控制的范围内，尽管不可避免地带来一些消极的后果。如果在现有的高考制度之下，人们扩大这些附加规则的内容，比如扩大特招生的范围和保送生的数量，那么就无异于努力促使这些薄弱环节溃决。如果具有文学特长的人应当特招，那么具有经济特长的人是否也应特招？与此同理，具有管理特长的人、具有政治特长的人、具有电脑特长的人，一概都在应当特招之列。在人们越来越平等地看待一切合法职业的今天，每一种才能和职业的特长都有其独特的价值，都应当受到社会的尊重，但如果它们因此而成为某些人应当为大学特招的理由，现行的整个高考制度就会因此而崩溃。每一个希望获得特招机会的人都希望将这种特权限制在包括自己在内的少数人之内，否则它就不算特例而成为一个通例，也就不再有其必要了。

1. 持这一观点的人是赞成还是反对"文学特长生特招"？他赞成或反对的理由是什么？

2. 持这一观点者的论述思路是什么？请整理列出。

3. 假设你不能同意论述者的观点，那么该如何辩驳他呢？

白发的期盼（节选）

一、积累与整合

1. 给下列加点的字注音或根据拼音写出汉字。

（1）赡养（　　）　（2）撩水（　　）　（3）风筝（　　）　（4）惶恐（　　）

(5) mí(　　)补　　(6) 呼 yù(　　)　　(7) cì(　　)候　　(8) láo(　　)叨

2. 解释下列词语。

(1) 赡养：_____

(2) 融洽：_____

(3) 耳熟能详：_____

(4) 忍无可忍：_____

(5) 天伦之乐：_____

3.《白发的期盼》反映老年人的_____问题,作者围绕这个问题采访了老中青三代人,作者选择这三个人群进行采访的目的分别是什么？

_____
_____
_____

二、阅读与思考

阅读下面文字,完成1—3题。

记者：这是一位老人在给他养的画眉鸟洗澡。看着小鸟蹦蹦跳跳、唧唧喳喳,老人一脸慈爱的表情。

(高先生："洗澡了,凉快凉快啊……")

记者：老人姓高,退休后,整天和鸟做伴,就连买菜都拎着鸟笼子。(鸟叫声)本来是向我传授养鸟之道的,可说着说着,就说到了他的孙子。

(出录音：鸟扑水声)

高先生：我呀,怎么说呢,我不想儿子,(鸟抖毛声)我想我孙子。我特别想。孙子从小是我们两口子给带大的,我整天抱着他去玩,下了班,累得什么似的,一见孙子,来来来,爷爷不累,这就不累了。(鸟叫声)快乐就在这儿。

记者：问题是现在小孩学习都很紧张,又学这个,又学那个的。

高先生：那就克服呗。(鸟扑水、抖毛声)我再想也不行,也得让孩子先学习啊,我自己克服着吧,没办法。

记者：他就不能来看你了。

高先生：哪能来啊,没时间啊,他来不了啦。为什么我养鸟啊？我孙子要是小的话,我能带他到处玩去,我就不养鸟了。我这是拿鸟当孙子了。

(出逗鸟声、鸟叫声压混)

记者：因为和儿子一家分开住,距离又很远,所以高大爷想看孙子就有点难度。高大爷说,和他一起遛鸟的老伙伴们,情况也都跟他差不多。就在高大爷几个星期、几个月能看孙子一回,叮嘱儿孙们"常回家看看"的时候,有的老人,却连"常回家看看"的想法都从来不曾说出口。

  1. 高先生本来是向记者传授养鸟之道的,怎么说着说着就说到自己孙子身上去了呢?

  2. 高先生拿鸟当孙子的言语说明了什么?

  3. (1) 读文中最后一处画线句子,"有的老人,却连'常回家看看'的想法都从来不曾说出口",为什么会这样?(2) 作者在这样的叙述中表达了一种怎样的感情?

  阅读下面文字,完成4—5题。

  记者:我认识这样一位老人,是北京大学退休的吴教师。吴老师的老伴已经去世了,两个女儿都在美国工作,她一个人住在80平方米的大房子里。她说,退了休没事,每天都到学校去做实验。

  (出录音)

  记者:你每天都去做实验?

  吴老师:当然了,不能闲着。在家没事,早上爬山、中午睡觉、晚上看电视,也没劲嘛,那还不如做实验,等于自己玩一玩。

  记者:有报酬吗?

  吴老师:可怜得很,一个月最多400块钱。有的人还不拿。

  记者:比如说,你要是生病,会告诉在美国的孩子吗?

  吴老师:没有大病,我绝不会告诉孩子。有什么用呢?

  记者:你想不想孩子啊?

  吴老师:只好认了呗。你说父母不就这样吗。她们给我寄钱,支票我都撕了,我不需要。只要她们的事业有成,我就满意了,这真是心里话。我的原则是不拖累她们。

  记者:她们俩回来过几次?

  吴老师:每人一次。

(录音压混)

记者：两个女儿一个出国9年，一个出国5年，她们只分别回来过一次。这期间，吴老师和女儿们的联系方式和通讯业的发展同步升级，从写信、打长途电话到发电子邮件，(渐出打电脑声)现在是坐在电脑前，通过IP电话直接交流。

(出电脑接线员录音：Thank you for using dial page.电话拨号声)

吴老师：又没人接，怎么今天都没在家。

(电话嘟嘟声压混)

记者：很不巧，那个周末，两个女儿都不在家，直到我快离开的时候，吴老师仍在轮番地拨着两个女儿的电话。

(电话嘟嘟声渐隐)

4. 记者与吴老师的这番对话是围绕什么问题展开的？联系全文，这段对话想告诉我们什么问题？

5. 从记者与吴老师的对话中，我们可以看出吴老师的一种什么心情？这种心情反映出的社会问题是什么？

三、应用与拓展

1. 在文本学习过程中，老师或者你本人能够归纳总结出几条倾听时应注意的问题？请分条列在下面。

2. 围绕老年人的精神赡养问题，请你联络若干同学或朋友，到你所在的生活小区做一次实地的采访交流活动，回来写成一份调查报告。

不要活在新闻里

一、积累与整合

1. 给下列加点字注音。
   (1) 萦绕于心（   ）　　(2) 寝食难安（   ）　　(3) 民脂民膏（   ）
   (4) 转瞬即逝（   ）　　(5) 苛责（   ）

2. 将下列词语补充完整。
   (1) 断（　）取义　(2) 以偏（　）全　(3) 推波助（　）　(4) 前（　）后继

二、阅读与思考

1. 阅读下文，回答问题。

在开始这篇文章之前，不妨先想想人类历史。你一定会轻而易举地想到许许多多黑暗的场景：冲突、流血、暴动、自杀，甚至大屠杀……公平总是理所当然，而不公正的事却长久萦绕于心，时而让你寝食难安。难怪人本主义心理学家马斯洛先生当年会这样感慨：所谓人类历史，不过是一个写满人性坏话的记事本。

(1) 文章主体内容是"不要活在新闻里"，作者却从"人类历史"开始谈起，为什么？请谈谈你的认识和理解。

_____

_____

2. 阅读下文，回答问题。

就政府而言，同样应该具有的媒介素养是，负面新闻并不构成对其工作的全盘否定，更不意味着媒体包藏恶意。一个人在生活上有洁癖，人们多会投以同情之理解，毕竟，那也算是个人自治的一部分，其他人无权干涉；但如果带着洁癖去看新闻，去搞管理，难免脱离实际，而且显得公私不分。生活不是童话，何况童话里也有大灰狼。又必须承认的是，媒体大张旗鼓报道"说人性坏话的新闻"，除了商业上的考虑外，还因为媒体肩负了一种责任，即社会需要通过它了解国家与社会运行是否正常。

(1) 文章认为政府应该具有的媒介素养是什么？

_____

_____

(2) 如何理解"如果带着洁癖去看新闻，去搞管理，难免脱离实际"这句话？

_____

_____

3. 阅读下文,回答问题。

一个理性的社会,应该给那些潜在的自杀者以继续活下去的希望,而不是前仆后继的勇气。说一个人以死"唤醒社会",实在是轻贱了人的生命,因为谁都应该好好活着;如果这种死不能让社会去了解背后更实在的原因,而停留于指责是媒体起了坏作用,并大加讨伐,实在是用错了力。

(1) 依据文章内容,说说一个社会应怎样对待自杀者才是"理性"的?
_____
_____

三、应用与拓展

1. 你认为当前媒体在"新闻真实性"方面存在的主要问题是什么?
_____
_____

2. 如何你是一名新闻记者,你会如何报道生活中的冲突、流血、暴动、自杀等负面新闻?
_____
_____

第四单元

在马克思墓前的讲话

一、积累与整合

1. 给下列加点字注音。

   (1) 估量(　　)　(2) 诽谤(　　)　(3) 芜杂(　　)　(4) 豁然开朗(　　)

   (5) 悼念(　　)　(6) 勒令(　　)　(7) 空白(　　)　(8) 卓有成效(　　)

   (9) 譬如(　　)　(10) 嫉恨(　　)　(11) 衷心(　　)　(12) 得心应手(　　)

2. 下列词语使用没有毛病的一句是　　　　　　　　　　　　　　　　(　　)

   A.《在马克思墓前的讲话》这篇文章言简意赅，显示了作者高度的理论水平和概括能力。

   B. 任何一门理论科学中的每一个新发现都使马克思振聋发聩，兴奋不已。

   C. 马克思逝世以后所形成的空白是无人企及的。

   D. 即使在数学领域，马克思的发现也是不能望其项背的。

3. "当代最伟大的思想家停止思想了""但已经永远地睡着了"句中加点词能否换为"去世"或"逝世"？为什么？

   _____

   _____

4. 把下面一句话用否定句的形式来表达，但不可改变原意。

   这个人的逝世，对于欧美战斗的无产阶级，对于历史科学，都是不可估量的损失。

   _____

   _____

5. 说一说你对下列句中加点词语所表达的思想感情和深刻含义的理解。

   (1) 斗争是他的生命要素。很少有人像他那样满腔热情、坚韧不拔和卓有成效地进行斗争。

   _____

   (2) 他的英名和事业将永垂不朽！

   _____

二、阅读与思考

阅读下列文段,完成文后问题。

正因为这样,所以马克思是当代最遭嫉恨和最受诬蔑的人。各国政府——无论专制政府或共和政府,都驱逐他;资产者——无论保守派或极端民主派——都竞相诽谤他,诅咒他。他对这一切毫不在意,把它们当做蛛丝一样轻轻拂去,只是在万不得已时才给以回敬。现在他逝世了,在整个欧洲和美洲,从西伯利亚矿井到加利福尼亚,千百万革命战友无不对他表示□□□和□□,而我可以大胆地说:他可能有过许多敌人,但未必有一个私敌。

1. 在文中方框处依次填入三个词,应是:_____、_____、_____。

2. "他对这一切毫不在意,把它们当做蛛丝一样轻轻拂去"这句话运用了什么修辞手法?它有何含义?

3. 理解:"他可能有过许多敌人,但未必有一个私敌。"

三、应用与拓展

阅读下面的文字,回答文后问题。

悼念玛丽·居里
爱因斯坦

在像居里夫人这样一位崇高人物结束她的一生的时候,我们不要仅仅满足于回忆她的工作成果对人类已经做出的贡献。第一流人物对于时代和历史进程的意义,在其道德品质方面,也许比单纯的才智成就方面还要大。即使是后者,它们取决于品格的程度,也远超过通常所认为的那样。

我幸运地同居里夫人有二十年崇高而真挚的友谊。我对她的人格的伟大越来越感到钦佩。她的坚强,她的意志的纯洁,她的律己之严,她的客观,她的公正不阿的判断——所有这一切都难得地集中在一个人的身上。她在任何时候都意识到自己是社会的公仆,她的极端的谦虚,永远不给自满留下任何余地。由于社会的严酷和不平等,她的心情总是抑郁的。这就使得她具有那样严肃的外貌,很容易使那些不接近她的人发生误解——这是一种无法用任何艺术气质来解脱的少见的严肃性。一旦她认识到某一条道路是正确的,她就毫不妥协地并且极端顽强地坚持走下去。

她一生中最伟大的科学功绩——证明放射性元素的存在并把它们分离出来——所以能取得,不仅是靠着大胆的直觉,而且也靠着在难以想象的极端困难情况下工作的热忱和顽强,这样的困难,在实验科学的历史中是罕见的。

居里夫人的品德力量和热忱,哪怕只要有一小部分存在于欧洲的知识分子中间,欧洲就会面临一个比较光明的未来。

注:《悼念玛丽·居里》选自《爱因斯坦文集》第1卷(商务印书馆1976年版)。许良英、范岱年译。阿尔伯特·爱因斯坦(1879—1955),美国人,物理学家,因提出相对论而享誉世界。这是爱因斯坦1935年11月23日在纽约罗里奇博物馆举行的居里夫人悼念会上发表的演讲。

1. 这篇短文在第一段就点明了中心,表明作者观点的句子是_____
_____。

2. 第一段中的"后者"指的是_____,与之相对的"前者"指的是_____。

3. 第二段介绍了居里夫人的伟大品格,请用简明文字概括。
_____
_____

4. 有些语言,我们在理解的时候,要通过表层信息挖掘其隐含实质。本文第四段,反过来说,意味着什么?

A. 欧洲知识分子:_____
B. 欧洲的现代:_____

5.《在马克思墓前的讲话》和本文所悼念的都是世界上杰出而伟大的人物,两文在行文上有何异同?
_____
_____

友邦惊诧论

一、积累与整合

1. 给下列加点字注音。
(1) 惊诧(　　)　(2) 束手(　　)　(3) 殴伤(　　)　(4) 攒击(　　)
(5) 捕禁(　　)　(6) 杀戮(　　)　(7) 私逮(　　)　(8) 处置(　　)
(9) 敷衍(　　)　(10) 本埠(　　)　(11) 塞责(　　)　(12) 兹(　　)

2. 解释下列加点的字。

(1) 束手无策：_____ (2) 敷衍塞责：_____

(3) 旋出校回寓：_____ (4) 兹据张自述：_____

3. 说说下列句中加点的修饰语的作用。

(1) 只要略有知觉的人就都知道……

_____

(2) 好个国民党政府的"友邦人士"！是些什么东西！

_____

(3) 可是"友邦人士"一惊诧，我们的国府就怕了……

_____

4. 文章如果不补写最后一段，有没有完成批驳任务？补写了有什么意义？

_____

_____

5. 议论有两种基本方式，即_____和驳论。驳论的"驳"有三种方法，即_____、_____、_____。

二、阅读与思考

阅读语段，回答问题。

好个"友邦人士"！日本帝国主义的兵队强占了辽吉，炮轰机关，他们不惊诧；阻断铁路，追炸客车，捕禁官吏，枪毙人民，他们不惊诧。中国国民党治下的连年内战，空前水灾，卖儿救穷，砍头示众，秘密杀戮，电刑逼供，他们也不惊诧。在学生的请愿中有一点纷扰，他们就惊诧了！

好个国民党政府的"友邦人士"！是些什么东西！

即使所举的罪状是真的罢，但这些事情，是无论那一个"友邦"也都有的，他们的维持他们的"秩序"的监狱，就撕掉了他们的"文明"的面具，摆什么"惊诧"的臭脸孔呢？

1. 解释文中加点的三个词语。

(1) 强占：_____

(2) 秩序：_____

(3) 文明：_____

2. 这三段文字中所用的主要修辞方法有：_____
3. 这三段文字运用的批驳方式是_____。
4. 第一、二个"不惊诧"说明"友邦人士"是_____；
第三个"不惊诧"说明"友邦人士"是_____。
5. "友邦人士"加引号的作用是_____。

三、应用与拓展

阅读下面的文字，完成文后问题。

说"异"
詹克明

你可以侧目异类，白眼异类，但绝不可小视异类。

异类可以成为事物的中心。晶莹美丽的珍珠，其中心不过是颗砂粒，正所谓"病蚌成珠"。降雨全靠空气中的尘埃作为凝聚中心，倘若天空绝对干净，水汽再多也不会下雨，当然就没有植物和动物，更不可能有人类。同类之物彼此相差无几，谁也难成中心。异类的介入打破了无差异的均衡，"中心"应运而生，有序的体系得以形成。梁山好汉一百多，各怀绝技，谁肯服谁？倒是文武皆不出众的"异类"宋公明，凭着"呼保义""及时雨"的名声坐了第一把交椅。

当液体加热到沸点之上，有时高出十几度还不沸腾，就成了过热状态。一旦过热液体受到扰动，瞬时大量汽化，极易发生爆炸。工业生产中为了避免出现"过热"，常将几粒多孔质的沸石投入高温液体。沸石不断释放的小气泡容纳了液体的饱和蒸气，鼓成大气泡腾出，借此平稳沸腾。过于纯粹的体系在形态转化时很可能出现滞后或过头，导致险象环生，异类的适时参与则可化险为夷。

事物需要发展，体系必然转变，异类可以成为伟大转折的突破口。20世纪初，正是爱因斯坦在假设光速不变的基础上提出相对论，普朗克又提出量子论，才使物理学获得了大发展。正因为他们的异类观念，才使得物理学大大创新。不过，切勿强求"异类"，最应警惕那种哗众取宠的故作怪异，如父亲逼着体弱女童跑全国、当街裸体自我标榜是行为艺术之类，就是渴求社会认可的假异类、真恶俗。

不能容忍异类的现象，时时可见。打工者来自不同的地区，农村人与城里人衣饰的差异、口音的不同……都可以泾渭分明地用来划分同类与异类，更不要说大的方面了。不要把一切原因都归结为漫长的封建帝制，更深刻的原因在于我们的"国民性"。蜂拥而上的党同伐异和肆无忌惮的语言暴力，正说明我们缺少起码的宽容心态。一个高度发达、受人尊敬的大国，首先要有宽宏大量的国民气度，最起码要能容忍那些并不妨碍别人、又不违犯法律的异类行为。

对于一个健全发展的体系,<u>异类的存在不仅正常而且必需</u>。

1. 下列对文意的理解,不正确的一项是　　　　　　　　　　　　　　（　　）

A. 作者以病蚌成珠的事例说明,砂粒在特定条件下成为事物的中心,可以创造美丽的结果。

B. 作者以天空中水汽凝成雨滴的事实说明,灰尘是人类日常生活中不可缺少的积极因素。

C. 作者以过热现象中沸石的作用说明,在工业生产中有时需要异类的参与来化解体系突变的危险。

D. 作者列举父亲逼迫体弱女童跑全国、当街裸体自我标榜是行为艺术的事例,意在批评恶俗的假异类现象。

2. 作者指出人们往往对异类持什么态度?作者认为应该持什么态度?

_____

_____

3. 作者在文章结尾说"异类的存在不仅正常而且必需",为什么?

_____

_____

人生的境界

一、积累与整合

1. 给下列加点字注音。

(1) 称心(　　)　　(2) 禅让(　　)　　(3) 粗糙(　　)　　(4) 角逐(　　)

(5) 给予(　　)　　(6) 禅宗(　　)　　(7) 埋怨(　　)　　(8) 即使(　　)

(9) 熨帖(　　)　　(10) 差异(　　)　　(11) 驯服(　　)

2. 在下面横线处填入适当的语句,组成前后句式相同、内容相近的句子。

我珍惜从茫茫人海中提取的人生养料,滋润我的生活,激发我的精神。我珍惜历世的经验,也珍惜失败的教训;_____,_____。我珍惜生活的每一个片断,每一个进程;_____,_____。每一次成功与失败,_____,都将融进我的血肉,陪伴我去书写更充实的人生。

3. 请从下面论文简介中提取三个反映其主要信息的关键词语。

这篇文章对中国文明进程中具有重要意义的"士"在先秦时期的演进做了全景式的追寻,有助于人们对"士"的源起及早期衍变形成一个完整而清晰的印象。

关键词语：_____；_____；_____

二、阅读与思考

阅读下面一段文段,回答问题。

照中国哲学的传统,哲学的任务是帮助人达到道德境界和天地境界,特别是达到天地境界。天地境界又可以叫作哲学境界,因为只有通过哲学,获得对宇宙的某些了解,才能达到天地境界。但是道德境界,也是哲学的产物。道德行为,并不单纯是遵循道德规律的行为;有道德的人也不单纯是养成某些道德习惯的人。他行动和生活,都必须觉解其中的道德原理,哲学的任务正是给予他这种觉解。

生活于道德境界的人是贤人,生活于天地境界的人是圣人。哲学教人以怎样成为圣人的方法。成为圣人就是达到人作为人的最高成就。这是哲学的崇高任务。

在《理想国》中,柏拉图说,哲学家必须从感觉世界的"洞穴"上升到理智世界。哲学家到了理智世界,也就是到了天地境界。可是天地境界的人,其最高成就,是自己与宇宙同一,而在这个同一中,他也就超越了理智。

中国哲学总是倾向于强调,为了成为圣人,并不需要做不同于平常的事。他不可能表演奇迹,也不需要表演奇迹。他做的都只是平常人所做的事,但是由于有高度的觉解,他所做的事对于他就有不同的意义。换句话说,他是在觉悟状态做他所做的事,别人是在无明状态做他们所做的事。禅宗有人说,"觉"字乃万妙之源。由觉产生的意义,构成了他的最高的人生境界。

1. "他不可能表演奇迹,也不需要表演奇迹"这句话的意思是什么?

_____

2. 作者认为,哲学的任务是什么? 请用自己的话回答。

_____

3. 禅宗说"觉"字乃万妙之源,这与柏拉图的话的意思是否一样? 为什么?

_____

4. 概述这四段文字所表述的意思。

_____

三、应用与拓展

阅读下面的文字,完成文后问题。

按照历史辩证法,所谓传统并不限于古代的、过去的东西。无疑,传统是由古代而生发,以古代为起点,但并不局限于古代。顾名思义,传统理应是"传"下来的东西,而且是流传至今的东西。没有流传下来的东西,失传的东西不可能成为传统,这是显而易见的。既然如此,传统就应当是由古代生发、流传下来从而制约着现代人的思维方式和行为方式的东西。只对古代人起作用而与现代人毫不相干的东西,如何能称得上是传统呢?既然如此,传统在由古代到现代的流程中就不可能不经历发展和更新。正如黑格尔所说:"这种传统并不仅仅是一个管家婆,只是把她所接受过来的东西忠实地保存着,然后毫不改变地保持着并传给后代。""它"并不是一尊不动的石像,而是生命洋溢的,有如一道洪流,离开它的源头愈远,它就膨胀得愈大。

古代经典,即古书上记载的一些主张,是否能代表民族的传统道德呢?古人主张要真正成为传统而世世代代地流传下来,单凭书面文献的记载和流传是远远不够的,最基本的条件是经过实践的检验而得到实践的批准而被实践所接纳,即实际地成为世世代代的人们的行为规范。诸如历史文献的遗存,用马克思的话来说,是"观念的历史叙述",并不等同于现实的历史。例如鲁迅先生所说的"从古以来,就有埋头苦干的人,有拼命硬干的人,有为民请命的人,有舍身求法的人",尽管在"为帝王将相作家谱的所谓'正史'"中看不到对他们事迹的记载,却也掩不住他们作为"中国的脊梁"的光耀。这才是中华民族优秀传统道德的真实体现,并为实践所证明。

相反,有些古人的主张,虽然在古代经典中多有记载和传诵,但未必实际地成为人们普遍的行为准则,这就很难说是传统道德的体现。例如,"中庸之道"在历代儒家文献中都有记载和诠释,因而被一些论者视为中华民族的传统道德规范。事实上,在中国封建社会的历史条件下,"中庸之道"是很难实现的信条,很难成为人们实际上的行为规范,因此连首倡这个信条的孔夫子也哀叹:中庸之道"其不行矣夫"!

道德规范是在生产活动和交往活动中自发形成的风俗习惯的基础上,由思想家的提炼和加工而形成的,是通过人们的自觉意识而形成的思想关系。然而,这些规范只有适应了社会实践发展的客观需要,并且通过实践活动而成为人们世代相承的行为规范,才能作为传统得以流传,并且在实践中得以发扬光大。从根本上说,传统作为道德发展的"流",是经世世代代、连续不断的社会生活实践传承下来的历史过程。

1. 第一段说传统"并不局限于古代",这是因为:传统是_____的,有_____的作用,而且传统要_____。

2.在文中,传统有什么特点?

_____

3. 阅读第二段,完成(1)、(2)题。

(1)"诸如历史文献的遗存"至本段结尾所表达的意思是怎样的?

(2) 开头的设问,作者在文中并未从正面明确回答,请根据文中的有关内容,从正面回答。

咬文嚼字

一、积累与整合

1. 给下列加点的字注音。
(1) 垂涎三尺(　　)　　(2) 极端憎恶(　　)　　(3) 深恶痛疾(　　)
(4) 锱铢必较(　　)　　(5) 咬文嚼字(　　)　　(6) 斩截(　　)
(7) 胸襟(　　)　　　　(8) 住宿(　　)　　　　(9) 携带(　　)
(10) 蕴藉(　　)　　　 (11) 谨严(　　)　　　 (12) 没镞(　　)

2. 将下列词语补充完整。
(1) 鱼龙混(　　)　　(2) 无(　　)之谈　　(3) (　　)强人意
(4) 良(　　)不齐　　(5) 蓬(　　)生辉　　(6) 相形见(　　)
(7) 夙兴夜(　　)　　(8) 修(　　)一新　　(9) 出类拔(　　)
(10) 沧海一(　　)

3. 文中"咬文嚼字"的意思包含几点,侧重于哪个范畴,它的精髓在什么方面?

二、阅读与思考

阅读下列语段,回答问题。

联想意义也最易误用而生流弊。联想起于习惯,习惯老是欢喜走熟路。熟路抵抗力最低,引诱性最大,一人走过,人人就都跟着走,愈走就愈平滑俗滥,没有一点新奇的意味。字被人用得太滥,也是如此。从前做诗文的人都倚靠《文料触机》、《幼学琼林》、《事类统编》之类书籍,要找词藻典故,都到那里去乞灵。美人都是"柳腰桃面","王嫱、西施",才子都是"学富五车,才高八斗";谈风景必是"春花秋月",叙离别不离"柳岸灞桥";做买卖都有"端木遗风",到现在用铅字排印书籍还是"付梓""杀青"。像这样的例子举不胜举,它们是从前人所谓"套语",我们所谓"滥调"。一件事物发生时立即使你联想到一些套语滥调,而你也就安于套语滥调,毫不斟酌地使用它们,并且自鸣得意。这就是近代文艺心理学家们所说的"套板反应"。一个人的心理习惯如果老是倾向"套板反应",他就根本与文艺无缘。因为就作者说,"套板反应"和创造的动机是仇敌;就读者说,它引不起新鲜而真切的情趣。一个作者在用字用词上面离不掉"套板反应",在运思布局上面,甚至于在整个人生态度方面也就难免如此。不过习惯力量的深广常非我们意料所及,沿着习惯去做,总比新创较省力,人生来有惰性,常使我们不知不觉地一滑就滑到"套板反应"里去。你如果随便在报章杂志或是尺牍宣言里面挑一段文章来分析,你就会发现那里面的思想情感和语言大半都由"套板反应"起来的。韩愈谈他自己做古文,"惟陈言之务去",这是一句最紧要的教训。语言跟着思想情感走,你不肯用俗滥的语言,自然也就不肯用俗滥的思想情感;你遇事就会朝深一层去想,你的文章也就真正是"作"出来的,不致落入下乘。

1. 文章解说了"联想"的来源,又做了生动的描写。

  (1)"联想"的来源为_____。

  (2)对"联想"的生动描写为(请摘原句回答):_____

_____。

  (3)上述引文中运用的修辞格有_____和_____。

2. 文段中使用了"乞灵"和"自鸣得意",请思考它们在文中的具体含义。

  (1)"乞灵"具体指的是_____;(归纳为15字)

  (2)"自鸣得意"的原因是_____。(归纳为14字)

3. 文中对"套板反应"从总—分角度做出了评价,它们分别是:(请摘原文回答)

  (1)总评:_____

  (2)分评:① 就作者说:_____

  ② 就读者说:_____

三、应用与拓展

阅读下文,完成文后问题。

诗的境界(节选)
朱光潜

像一般艺术一样,诗是人生世相的返照。人生世相本来是混整的,常住永在而又变动不居的。诗并不能把这漠无边际的混整抄袭过来,或是像柏拉图所说的"模仿"过来。诗对于人生世相必有取舍,有剪裁,有取舍剪裁就必有创造,必有作者的性格和情趣的浸润渗透。诗必有所本,本于自然;亦必有所创,创为艺术。自然与艺术媾和,结果乃在实际的人生世相之上,另建立一个宇宙,正犹如织丝缕为锦绣,凿顽石为雕刻,非全是空中楼阁,亦非全是依样画葫芦。诗与实际的人生世相之关系,妙处惟在不即不离。惟其"不离",所以有真实感;惟其"不即",所以新鲜有趣。

每首诗都自成一种境界。无论是作者或是读者,在心神领会一首好诗时,都必有一幅画境或是一幕戏景,很新鲜生动地突现于眼前,使他神魂为之勾摄,若惊若喜,霎时无暇旁顾,仿佛这小天地中有独立自足之乐,此外偌大乾坤宇宙,以及个人生活中一切憎爱悲喜,都像在这霎时间烟消云散去了。纯粹的诗的心境是凝神注视,纯粹的诗的心所观境是孤立绝缘。心与其所观境如鱼戏水,忻合无间。始任举二短诗为例:

君家何处住?妾住在横塘。停船暂借问,或恐是同乡。(崔颢《长干行》)

空山不见人,但闻人语响。返景入深林,复照青苔上。(王维《鹿柴》)

这两首诗都俨然是戏景,是画境。它们都是从混整的悠久而流动的人生世相中摄取来的一刹那,一片段……

1. 开篇一句"像一般艺术一样,诗是人生世相的返照"。这里不用"写照"而用了"返照",旨在揭示的道理为＿＿。(概括不超过40字)

2. 作者将诗与自然、诗与生活的辩证关系作了透辟论述。在作者笔下:

(1) 诗与自然的关系为:＿＿＿＿＿＿＿＿＿＿＿＿＿＿＿＿＿＿＿＿＿＿＿＿＿＿＿＿＿＿＿。(不超过33字)

(2) 诗与生活的关系为:＿＿＿＿＿＿＿＿＿＿＿＿＿＿＿＿＿＿＿＿＿＿＿。(不超过18字)

(3) 作者在揭示出诗与生活的关系之后,又从两个角度作了解说,它们分别是:(各占13字)

① ＿＿＿＿＿＿＿＿＿＿＿＿＿＿＿＿＿＿＿＿＿＿＿＿＿＿＿＿;

② ＿＿＿＿＿＿＿＿＿＿＿＿＿＿＿＿＿＿＿＿＿＿＿＿＿＿＿＿。

(4) 本文与课文中均使用了"不即不离"这一成语,它的含义是＿＿＿＿＿＿＿＿＿＿＿＿＿＿＿＿＿＿＿＿＿。

3. 作者不露痕迹地将作诗、读诗与想象糅在一起论述。

(1) 认为写诗、读诗时,发挥想象的好处是:＿＿＿＿＿＿＿＿＿＿＿＿＿＿＿＿＿。

(2) 为证明自己的观点,作者所举的具体例子是:① ＿＿＿＿＿＿＿＿＿＿;② ＿＿＿＿＿

_____。

(3) 例证后的分析文字是_____。

巴尔扎克葬词

一、积累与整合

1. 给下列加点字注音。

(1) 琐碎(　　)　　(2) 骤然(　　)　　(3) 帷幕(　　)

(4) 解剖(　　)　　(5) 熠熠发光(　　)　　(6) 棺柩(　　)

2. 巴尔扎克，_____国批判现实主义文学的杰出代表，其作品_____被称为法国社会的"百科全书"。

3. 雨果，法国浪漫主义文学的杰出代表，主要代表作品有_____、_____等。

4. 莫里哀，法国现实主义喜剧的开创者。主要作品有_____、_____。

5. 卢梭，法国思想家、文学家，18世纪欧洲_____运动的杰出代表。主要作品有_____、_____。

二、阅读与思考

1. 请结合文本分析下列语句的含义。

(1) 伟大人物给自己安装座子；未来负起放雕像的责任。

_____

(2) 不，不是夜晚，而是光明！不是结束，而是开始！不是空虚，而是永生。

_____

2. 作者是如何评价巴尔扎克的作品的？请用原文中的语句回答。

_____

三、应用与拓展

阅读下面的文字，回答文后的问题。

伏　尔　泰

雨果

一百年前的今天，一颗巨星陨落了，但他是永存的。他离开人世时年登耄耋，他著述极富。肩负着最荣耀也是最艰巨的责任,那就是:培育良知,教化人类。他在咒骂与祝福声中溘然长逝;他被旧时代所诅咒,又受到未来的祝福。<u>这二者都是至高无上的光荣</u>。他不仅仅是一个人,<u>他是整整一个时代</u>。

这位伟人所生活的84个年头,经历了达到极点的专制时期和刚刚露出一线晨曦的革命时代。路易十四尚在王位,他的襁褓映照着王朝盛世的余晖,他的灵柩则投射着从大深渊里透出的最初的光芒。

在这轻薄无聊、凄惨忧郁的时世下,伏尔泰独自一人,面对官廷、贵州和资本家的联合力量,面对那股毫无意识的强力——群盲;面对那些无恶不作的官吏,他们专门媚上欺下,俯伏于国王之前,凌驾于人民之上;面对那些教士,他们是伪善与宗教狂的邪恶混合体。让我再说一遍,伏尔泰独自一人,向社会上一切邪恶的联合力量宣战,并与之搏斗。他的武器是什么呢?是那轻若微风而重如霹雳的一支笔。

他用这武器进行战斗,用这武器赢得胜利。

让我们一起向伏尔泰的英灵致敬吧!

伏尔泰胜利了。他发动了一场非同寻常的战争,一场以一敌众的战争,一场气壮山河的战争。这是思想向物质作战、理性向偏见作战、正义向不义作战、被压迫者向压迫者作战;这是善之战、仁爱之战。伏尔泰具有女性的温柔和英雄的怒火,他具有伟大的头脑和浩瀚无际的心胸。

他战胜了陈旧的秩序和陈旧的教条,他战胜了封建君主、中古时代的法官和罗马的教士,他把黎民百姓提高到尊严的地位。他教化、慰抚、播种文明。他承受了一切威胁、辱骂、迫害、诽谤,他还遭到了流放。但是他不屈不挠、坚定不移。他以微笑战胜暴力,以讽刺战胜专横,以嘲弄战胜宗教的自命一贯正确。以坚韧战胜顽固偏执,以真理战胜愚昧无知。

我刚才说到微笑,我要在这里停一停。微笑,这就是伏尔泰。

我在伏尔泰之前,只有以某国元首来命名时代的先例。伏尔泰比国家元首更高,他是各派思想的元首,一个新的纪元以伏尔泰开始。从此我们感到,最高的统治力量就是让一切被理性思考。文明曾服从于武力。文明将服从于思想。王权和宝剑折断了,光明取而代之。这就是说,权威已经变换为自由。自此以往,高于一切的是人民的法律和个人的良心。作为一个人,我们要行使权利,作为一个公民,我们要恪尽职责。对于我们每一个人来说,这两方面的进步是明确分开的。

让我们在他神圣的墓前鞠躬致敬……让十八世纪来帮助十九世纪吧。

1. 第一段画线句子"这二者都是至高无上的光荣"中的"二者"分别指的是什么?

2. 作者认为伏尔泰"是整整一个时代",请结合原文谈谈你的理解。
_____
_____

3. 伏尔泰的"微笑"体现了他什么样的性格特点?
_____
_____

第五单元

短 歌 行

一、积累与整合

1. 给下列加点的字注音。

(1) 譬如朝露(　　)　　(2) 青青子衿(　　)　　(3) 越陌度阡(　　)

(4) 契阔谈䜩(　　)　　(5) 绕树三匝(　　)　　(6) 周公吐哺(　　)

2. 解释下列加点词语。

(1) 唯有杜康：_____　　(2) 青青子衿：_____

(3) 鼓瑟吹笙：_____　　(4) 山不厌高：_____

(5) 周公吐哺：_____　　(6) 枉用相存：_____

3. 填空。

曹操,字_____,我国_____文学的代表人物。《短歌行》的"短歌"和乐府中的"长歌"是指_____。

4. 下列对诗意的解说不正确的一项是　　　　　　　　　　　　　　　　(　　)

A. 诗的开头四句抒发诗人对时光易逝、功业未成的感慨。表现了一种时间不等人的急迫心情,蕴藏着人生短促,应及时行乐的意思。

B. "呦呦鹿鸣,食野之苹"等四句是《诗经》里欢宴嘉宾的歌辞,作者借以表达对贤才的思慕与得到贤才后的恭敬和礼遇。

C. 这首诗在感情表达上的特点是时忧时喜,起伏变化,抑扬顿挫。

D. "周公吐哺,天下归心"是用典故来深化诗人渴求贤才的热望和统一天下的雄心。

二、阅读与思考

1. "人生苦短"的慨叹是中国古典诗歌的重要内容之一。《古诗十九首》说"人生天地间,忽如远行客",李白也说:"人生得意须尽欢,莫使金樽空对月",本诗的开篇即为"对酒当歌,人生几何",请谈谈你对这一句诗的理解。

_____

_____

2.《短歌行》里"忧"字出现多次,你认为作者"忧"的是什么?这首诗的情调又是怎样的?

___

3. 对"明明如月"一句,历来有不同的理解。有人认为这句是写作者的"忧思"就如天上的明月,永远运行,无法停止;有人认为这句是说作者所思慕的"贤才"就如天上的明月,寂寞高远,求之不得。你是怎样理解的?请结合前后诗句谈谈你的看法。

___

三、应用与拓展

1. 在《三国演义》中,罗贯中将曹操刻画为"治世之能臣,乱世之奸雄",我们看到的京剧脸谱也将曹操勾画成白脸,很多人更把他当作阴险、奸诈、残暴的象征。而在《三国志》中曹操又是一个"忠臣贤相"、"杰出英雄",请结合这首诗的学习谈谈你对曹操其人的认识。

___

2.《观沧海》是曹操的又一首代表作,诗歌通篇写景,但又景中寓情,诵读这首诗,体会其中"情"与"景"的关系。

观 沧 海

曹 操

东临碣石,以观沧海。
水何澹澹,山岛竦峙。
树木丛生,百草丰茂。

秋风萧瑟,洪波涌起。
日月之行,若出其中;
星汉灿烂,若出其里。
幸甚至哉,歌以咏志。

_____
_____
_____
_____

春江花月夜

一、积累与整合

1. 给下列加点的字注音。

(1) 滟滟随波千万里(　　)　　(2) 月照花林皆似霰(　　)

(3) 可怜楼上月徘徊(　　)(　　)　　(4) 捣衣砧上拂还来(　　)

(5) 汀上白沙看不见(　　)　　(6) 碣石潇湘无限路(　　)

2. 解释下列加点词的意思。

(1) 青枫浦上不胜愁：_____　(2) 谁家今夜扁舟子：_____

(3) 鱼龙潜跃水成文：_____　(4) 鸿雁长飞光不度：_____

3. 下面各句对诗意的解说不正确的一项是　　　　　　　　　　　　(　　)

A. 在《春江花月夜》中,作者紧紧围绕题中的五种景物进行描写和抒情,其中"江水"是统摄全诗的灵魂。

B. "人生代代无穷已,江月年年只相似"表达了对宇宙人生的遥远追问,既有江月永恒、人生短暂的忧伤,更有人类生命无限的欣慰与释然。

C. "谁家今夜扁舟子,何处相思明月楼",这一句推己及人,用"谁家"、"何处"写出了普遍的游子思妇之情,正是闻一多先生所说的"由爱情辐射出来的同情心"。

D. "落月摇情满江树"一句静中有动,为明净的诗境增添了摇曳的情思,令人回味不尽。

二、阅读与思考

1. "空里流霜不觉飞,汀上白沙看不见"一句用了什么样的手法描写月光？写出了月光怎样的特点？谈谈你的理解。

2. "玉户帘中卷不去,捣衣砧上拂还来"是一个细节的描写,宋代词人晏殊的《蝶恋花》中也有"明月不谙离恨苦,斜光到晓穿朱户"的词句。明月无情人有情,请结合诗句谈谈你的理解和感受。

三、应用与拓展

1. 诗中有两处用到"可怜"一词:

可怜楼上月徘徊,应照离人妆镜台。

昨夜闲潭梦落花,可怜春半不还家。

请结合诗句谈谈你对其词义的理解,并通过下列诗句归纳"可怜"在古诗词中的用法。

(1)"东望少城花满烟,百花高楼更可怜。"(杜甫《江畔独步寻花》)

(2)"借问汉宫谁得似,可怜飞燕倚红妆。"(李白《清平调》之二)

(3)"可怜九月初三夜,露似珍珠月似弓。"(白居易《暮江吟》)

(4)"可怜身上衣正单,心忧炭贱愿天寒。"(白居易《卖炭翁》)

(5)"可怜夜半虚前席,不问苍生问鬼神。"(李商隐《贾生》)

(6)"姊妹弟兄皆列土,可怜光彩生门户。"(白居易《长生殿》)

2. 宇宙永恒、人生短暂是古典诗歌中经常吟诵的主题,但不同的时代、不同的人生经历、不同的精神气质会给诗人不同的感受和领悟。阅读下列诗句,谈谈它们在表现这一主题时思想感情上的不同。

(1) 节物风光不相待,桑田碧海须臾改。昔时金阶白玉堂,即今惟见青松在。(唐 卢照邻《长安古意》)

(2) 今年落花颜色改,明年花开复谁在?已见松柏摧为薪,更闻桑田变成海。古人无复洛城东,今人还对落花风。年年岁岁花相似,岁岁年年人不同。(唐 刘希夷《代悲白头翁》)

(3) 江畔何人初见月?江月何年初照人?人生代代无穷已,江月年年只相似。(唐 张若虚《春江花月夜》)

_____
_____
_____
_____
_____
_____

3. 小学教材中,李白两首写月的诗《古朗月行》(四句)和《静夜思》备受学生喜爱,请选择其中一首,默写,并作简单的赏析与说明。

_____
_____
_____
_____
_____
_____

燕 歌 行

一、积累与整合

1. 给下列加点字注音。

(1) 旌旆(　　)　　(2) 逶迤(　　)　　(3) 碣石(　　)
(4) 塞草腓(　　)　(5) 玉箸(　　)　　(6) 蓟北(　　)

2. 解释下列句中加点的词语。
(1) 汉家烟尘在东北：_____　(2) 男儿本自重横行：_____
(3) 天子非常赐颜色：_____　(4) 校尉羽书飞瀚海：_____
(5) 单于猎火照狼山：_____　(6) 胡骑凭陵杂风雨：_____
(7) 战士军前半死生：_____　(8) 大漠穷秋塞草腓：_____
(9) 玉箸应啼别离后：_____　(10) 边庭飘摇那可度：_____
(11) 杀气三时作阵云：_____　(12) 死节从来岂顾勋：_____

3. 填空。
高适，世称高常侍，与_____并称，是唐代____诗的代表作家。

二、阅读与思考

1. 请结合诗歌的写作背景及主要内容，谈谈对"战士军前半死生，美人帐下犹歌舞"一句的理解。

2. "大漠穷秋塞草腓，孤城落日斗兵稀"一句描写了哪几种意象？营造了怎样的意境？

3. 诗歌最后写道："君不见沙场征战苦，至今犹忆李将军"，李将军与诗中的将领有何不同？作者写李将军的作用是什么？

三、应用与拓展

1. 阅读下面这首诗，回答文后的问题。

从军北征

李　益

天山雪后海风寒，横笛偏①吹《行路难》②。
碛③里征人三十万，一时回首月中看。

【注释】① 偏：一作"遍"。② 行路难：乐府曲调名，多描写旅途的辛苦和离别的悲伤。③ 碛(qì)：沙漠。这里指边关。

(1) 试分析首句景物描写的作用。

(2) 简要分析本首诗歌所表达的情感。
_____
_____

(3) 古人诗歌作品中常写到乐曲。结合全诗，简析"横笛"、《行路难》在诗中的作用。
_____
_____

2. 边塞诗是古代诗歌中的重要题材，请查阅相关资料，谈谈边塞诗的主要内容和思想感情。
_____
_____
_____

梦游天姥吟留别

一、积累与整合

1. 解释下列加点词的意思。
   (1) 我欲因之梦吴越：_____　　(2) 天姥连天向天横：_____
   (3) 熊咆龙吟殷岩泉：_____　　(4) 恍惊起而长嗟：_____
   (5) 栗深林兮惊层巅：_____　　(6) 迷花倚石忽已暝：_____
   (7) 惟觉时之枕席：_____　　　(8) 列缺霹雳，丘峦崩摧：_____

2. 解释下列下加点词的意义和用法。
   (1) ① 云霞明灭或可睹：_____　② 一食或尽粟一石：_____
   (2) ① 我欲因之梦吴越：_____　② 践华为城，因河为池：_____
   (3) ① 且放白鹿青崖间：_____　② 河汉清且浅，相去复几许：_____
   (4) ① 安能摧眉折腰事权贵：_____ ② 沛公安在：_____

3. 按要求默写诗句。
   (1) 描写天姥山巍峨、挺拔的四句诗是：
   _____
   (2) 描写诗人登山时的见闻的两句诗是：
   _____
   (3) 描绘仙人盛会异彩缤纷的场面的四句诗是：
   _____

二、阅读与思考

1. 阅读诗歌的第二部分,回答以下问题。

我欲因之梦吴越,一夜飞渡镜湖月。湖月照我影,送我至剡溪。谢公宿处今尚在,渌水荡漾清猿啼。脚著谢公屐,身登青云梯。半壁见海日,空中闻天鸡。千岩万转路不定,迷花倚石忽已暝。熊咆龙吟殷岩泉,栗深林兮惊层巅。云青青兮欲雨,水澹澹兮生烟。列缺霹雳,丘峦崩摧。洞天石扉,訇然中开。青冥浩荡不见底,日月照耀金银台。霓为衣兮风为马,云之君兮纷纷而来下。虎鼓瑟兮鸾回车,仙之人兮列如麻。忽魂悸以魄动,恍惊起而长嗟。惟觉时之枕席,失向来之烟霞。

(1) 诗人梦游天姥,除了写山上的奇异景色外,还写了洞天中仙人聚会的神奇场景,这一场景的描写与作品的主题之间有什么关系?

_____

_____

_____

(2) 诗歌在写到"梦醒"时,用了这样的句子:"忽魂悸以魄动,恍惊起而长嗟。惟觉时之枕席,失向来之烟霞",反复诵读,指出"忽"、"恍"、"惟"、"失"等词语背后的诗人情感。

_____

_____

(3) 通过这一段作者对梦境的描写,你对李白的创作特色有哪些认识?

_____

_____

_____

2. 在描绘了仙境的缤纷夺目之后,作者说"世间行乐亦如此,古来万事东流水"。这里的"如此"指的是什么?你是怎样理解这一句诗的?

_____

_____

_____

_____

_____

三、应用与拓展

1. 古体诗是我国古典诗歌的一种,又称古诗、古风,是相对于唐代成熟的律诗而言的。这首《梦游天姥吟留别》就是一首富有浪漫主义风格的古体诗,查阅有关古体诗文体知识的材料,结合本诗,说说其在艺术形式上的特点。

_____

_____

2. 阅读李白的《古风》(其十九首),回答问题。

    西上莲花山,迢迢见明星。
    素手把芙蓉,虚步蹑太清。
    霓裳曳广带,飘拂升天行。
    邀我登云台,高揖卫叔卿。
    恍恍与之去,驾鸿凌紫冥。
    俯视洛阳川,茫茫走胡兵。
    流血涂野草,豺狼尽冠缨。

(1) 与《梦游天姥吟留别》比较,看看这两首诗所描写的仙境有什么不同?

_____

_____

(2) 体会这首诗的意境,说说末四句写了什么,表达了诗人怎样的思想感情?

_____

_____

琵琶行并序

一、积累与整合

1. 解释下列句中加点的词语。

(1) 元和十年,予左迁九江郡司马:_____

(2) 予出官二年,恬然自安:_____

(3) 遂命酒,使快弹数曲:_____

(4) 凡六百一十二言:_____ _____

(5) 举酒欲饮无管弦：＿＿＿＿＿＿＿＿

(6) 低眉信手续续弹：＿＿＿＿＿＿＿＿

(7) 梦啼妆泪红阑干：＿＿＿＿＿＿＿＿

(8) 如听仙乐耳暂明：＿＿＿＿＿＿＿＿

2. 解释下列句中加点词语的古今义。

(1) 明年秋，送客湓浦口　　古义：＿＿＿＿＿＿　　今义：＿＿＿＿＿＿

(2) 因为长句，歌以赠之　　古义：＿＿＿＿＿＿　　今义：＿＿＿＿＿＿

(3) 铁骑突出刀枪鸣　　　　古义：＿＿＿＿＿＿　　今义：＿＿＿＿＿＿

(4) 曲终收拨当心画　　　　古义：＿＿＿＿＿＿　　今义：＿＿＿＿＿＿

(5) 整顿衣裳起敛容　　　　古义：＿＿＿＿＿＿　　今义：＿＿＿＿＿＿

(6) 暮去朝来颜色故　　　　古义：＿＿＿＿＿＿　　今义：＿＿＿＿＿＿

(7) 老大嫁作商人妇　　　　古义：＿＿＿＿＿＿　　今义：＿＿＿＿＿＿

(8) 凄凄不似向前声　　　　古义：＿＿＿＿＿＿　　今义：＿＿＿＿＿＿

3. 根据以下要求和提示默写诗中相应的诗句。

(1) 表现诗人听到琴声后的欣喜之情和急欲相见的迫切心情的句子：

＿＿＿＿＿＿＿＿＿＿＿＿＿＿＿＿＿＿＿＿＿＿＿＿＿＿＿＿＿＿＿＿

(2) 表现琵琶女欲言又止，不愿见人的句子：

＿＿＿＿＿＿＿＿＿＿＿＿＿＿＿＿＿＿＿＿＿＿＿＿＿＿＿＿＿＿＿＿

(3) 表现琵琶女仅仅调弦校音已显示演奏才情的句子：

＿＿＿＿＿＿＿＿＿＿＿＿＿＿＿＿＿＿＿＿＿＿＿＿＿＿＿＿＿＿＿＿

(4) 表现琵琶女指法灵活多变的句子：

＿＿＿＿＿＿＿＿＿＿＿＿＿＿＿＿＿＿＿＿＿＿＿＿＿＿＿＿＿＿＿＿

(5) 表现乐曲声音清脆悦耳的句子：

＿＿＿＿＿＿＿＿＿＿＿＿＿＿＿＿＿＿＿＿＿＿＿＿＿＿＿＿＿＿＿＿

(6) 表现曲调的流转和凝涩的句子：

＿＿＿＿＿＿＿＿＿＿＿＿＿＿＿＿＿＿＿＿＿＿＿＿＿＿＿＿＿＿＿＿

(7) 表现乐声中止，却富有"空白艺术"的魅力的句子：

＿＿＿＿＿＿＿＿＿＿＿＿＿＿＿＿＿＿＿＿＿＿＿＿＿＿＿＿＿＿＿＿

(8) 用侧面描写来烘托乐声的美妙动人的句子：

＿＿＿＿＿＿＿＿＿＿＿＿＿＿＿＿＿＿＿＿＿＿＿＿＿＿＿＿＿＿＿＿

二、阅读与思考

1. 《琵琶行》第二段在描写琵琶女的弹奏技艺和"我"的聆听感受之后,以"东船西舫悄无言,唯见江心秋月白"作结。这是一种什么写法,有怎样的艺术效果?

2. 对音乐美的细腻描摹是《琵琶行》的重要艺术特色之一。仔细阅读以下诗句,从音乐形象、修辞手法、内心感受等方面加以简要的分析和评价。

> 大弦嘈嘈如急雨,小弦切切如私语。
> 嘈嘈切切错杂弹,大珠小珠落玉盘。
> 间关莺语花底滑,幽咽泉流冰下滩。
> 冰泉冷涩弦凝绝,凝绝不通声暂歇。
> 别有幽愁暗恨生,此时无声胜有声。
> 银瓶乍破水浆迸,铁骑突出刀枪鸣。
> 曲终收拨当心画,四弦一声如裂帛。

三、应用与拓展

下面这首小令出自元代散曲作家张可久之手,写月夜倾听玉筝的动人情景,被人称作是一首"压缩了的《琵琶行》"。反复阅读,比较它和《琵琶行》在描写音乐美上的异同。

越调凭栏人　江夜

张可久

> 江水澄澄江月明,江上何人挡玉筝?
> 隔江和泪听,满江长叹声!

参考答案

第一单元

沁园春·长沙

一、1.(1) gě　(2) kuò　(3) qiú　(4) è

2.(1)"头"、"流"、"由"、"浮"

(2)"稠"、"遒"、"侯"、"舟"

3."看"万山红遍,层林尽染;漫江碧透,百舸争流。鹰击长空,鱼翔浅底,万类霜天竞自由。

"恰"同学少年,风华正茂;书生意气,挥斥方遒。指点江山,激扬文字,粪土当年万户侯。

4.(1) 调整:寒秋独立,橘子洲头,湘江北去

(2) 改写:在一个秋高气爽的日子里,我独自伫立在橘子洲头,眺望着湘江碧水北流,看群山变成了红色,一层层树林好像染过颜色一样;满江秋水清澈澄碧,一艘艘大船乘风破浪,争先恐后。雄鹰敏捷矫健,在辽阔的蓝天里飞翔,鱼儿轻快自如,在明净的水底时沉时浮,一切生物都在秋天里争取自由。面对着无边无际的宇宙,(千万种思绪一齐涌上心头)我要问:这苍茫大地的盛衰兴废,由谁主宰?

二、1.(1) 绚丽多彩,生机盎然。远望群山,重重叠叠,树林点染如画;近看满江秋水,碧绿清澈,无数船只争相行驶。雄鹰在高空中展翅高飞;鱼儿在江水中轻快畅游。宇宙中的万物都在秋天里生气勃勃地自由舒展、蓬勃生长。

(2) 表达了诗人豪迈昂扬,"问苍茫大地,谁主沉浮"的壮志豪情。

2.通过回忆往昔峥嵘岁月,表现了诗人和战友们为了改造旧中国英勇无畏的革命精神和壮志豪情,形象含蓄地给出了"谁主沉浮"的答案:主宰国家命运的,是以天下为己任,决心改造旧世界的革命青年。

三、1.略

2.示例:

雄关漫道真如铁,而今迈步从头越。从头越,苍山如海,残阳如血。(毛泽东《忆秦娥·娄山关》)

虎踞龙盘今胜昔,天翻地覆慨而慷。(毛泽东《七律人民解放军占领南京》)

宜将剩勇追穷寇,不可沽名学霸王。(毛泽东《七律人民解放军占领南京》)

天若有情天亦老,人间正道是沧桑。(毛泽东《七律人民解放军占领南京》)

牢骚太盛防肠断,风物长宜放眼量。(毛泽东《七律和柳亚子先生》)

人生易老天难老,岁岁重阳。今又重阳,战地黄花分外香。(毛泽东《采桑子·重阳》)

忽报人间曾伏虎,泪飞顿作倾盆雨。(毛泽东《蝶恋花·答李淑一》)

四海翻腾云水怒,五洲震荡风雷激。(毛泽东《满江红·和郭沫若同志》)

横空出世,莽昆仑,阅尽人间春色。(毛泽东《念奴娇·昆仑》)

江山如此多娇,引无数英雄竞折腰。(毛泽东《沁园春·雪》)

俱往矣,数风流人物,还看今朝。(毛泽东《沁园春·雪》)

踏遍青山人未老,风景这边独好。(毛泽东《清平乐·会昌》)

3. 示例:

春 之 舞
多　多

　　雪锹铲平了冬天的额头
　　树木
　　我听到你嘹亮的声音

　　我听到滴水声,一阵化雪的激动:
　　太阳的光芒像出炉的钢水倒进田野
　　它的光线从巨鸟展开双翼的方向投来

　　巨蟒,在卵石堆上摔打肉体
　　窗框,像酗酒大兵的嗓子在燃烧
　　我听到大海在铁皮屋顶上的喧嚣

　　啊,寂静
　　我在忘记你雪白的屋顶
　　从一阵散雪的风中,我曾得到过一阵疼痛

　　当田野强烈地肯定着爱情
　　我推拒春天的喊声
　　淹没在栗子滚下坡的巨流中

　　我怕我的心啊
　　我在喊:我怕我的心啊
　　会由于快乐,而变得无用!

我爱这土地

一、1. 艾青,蒋海澄,我加、克阿、林壁。1938,《北方》、《黎明的通知》、《大堰河——我的保姆》、《火把》等(写出两首即可)。

2. 用"嘶哑"的喉咙也尽情地为祖国歌唱,抒发了作者对祖国至死不渝的爱;死后连羽毛也腐烂在土地里,表达了作者对祖国的眷恋和甘愿为其献身的精神。

3. 略

二、1."被暴风雨所打击着的土地"象征繁衍养育中华民族而又饱受磨难的祖国;

"悲愤的河流""激怒的风"象征中国人民不屈不挠的反抗精神;

"林间无比温柔的黎明"象征充满生机与希望的解放区。

2.(1)表达了作者对祖国遭受苦难的悲愤以及甘愿为其献身的炽热爱国情感。

(2)用象征手法使表达的感情更加深挚、含蓄。

三、1. 两首诗背景不同:前者是充满硝烟的抗战时期,后者是改革开放的新时代。写法不同:前者借用鸟的歌唱作比喻抒情,后者是直抒胸臆。

主题有所不同:前者抒发诗人面对遭受苦难的大地,要为此而献身的强烈愿望;后者是面对这块神奇的土地,表达永远思恋的感情。

两首诗都注重意象创造:艾青是借助"土地""河流""风""黎明"等来描绘出祖国大地遭受的苦难、中国人民的无比悲愤以及解放区的勃勃生机,让人们看到抗战胜利的光明和希望;刘湛秋把对中国土地的讴歌、对中国人民的礼赞寄寓在典型新颖的意象之中。

2. 略

在寒冷的腊月的夜里

一、1.(1) là (2) qì (3) hān (4) è

2.《穆旦诗选》,查良铮,象征派,现代派

3. 在/寒冷的/腊月的/夜里,风/扫着/北方的/平原,

北方的/田野/是枯干的,大麦和谷子/已经/推进村庄,

岁月/尽竭了,牲口/憩息了,村外的/小河/冻结了,

在/古老的/路上,在/田野的/纵横里/闪着/一盏灯光,

一副/厚重的,多纹的/脸,

他/想什么? 他/做什么?

在这/亲切的,为咿哑的轮子/压死的/路上。

二、1. 这些意象象征了民族生生不息的生命和精神,象征民族顽强抗争又世代延续的生存命运。诗人在自然意象的反复铺陈中,表达了对民族苦难的深切观照。

2. "他"是沉默凝重的父亲形象,如特写镜头一样凸现在画面上;儿子的啼哭打破了画的宁静,哇呜哇呜的哭声"从屋顶传过屋顶"。父辈的生命是艰辛苦涩的,子辈则代表新生和希望。然而,他们长大成人后,仍和父亲"一样地躺下,一样地打鼾",儿子将和父亲一样地劳作,一样地辛苦,一样地疲惫,一样地麻木和呆滞,民族的苦难就这样一代一代地延续下去,这是何等不幸、何等悲凉。这张脸是勤苦农民的象征,也是久经沧桑的苦难民族的象征。

3. 这些自然景物表现了农家安闲、宁静的生活,与开头一幅画面形成对照,让人在凄清中感到宁静,由此,诗的象征意蕴也呼之欲出,诗人在以自然景物烘托民族苦难之时,也以自然物象象征中华民族的坚忍与顽强。

三、1.(1)两首诗都渗透着浓厚的民族苦难意识。但《在寒冷的腊月的夜里》主题更深刻、情感更真挚,表达了对祖国、对人民的深挚的爱,同时也表达了对多灾多难的中华民族站起来的无限期待和希望。

67

(2) 两首诗都用特定的意象来表现时代背景,渲染氛围,抒发情感,但《在寒冷的腊月的夜里》意象更丰富、更具体,并且前后的意象形成鲜明的对比。

2.示例:

夜 行 者
戴望舒

这里他来了:夜行者!
冷清清的街道有沉着的跫音,
从黑茫茫的雾,
到黑茫茫的雾。

夜的最熟稔的朋友,
他知道它的一切琐碎,
那么熟稔,在它的熏陶中,
他染了它一切最古怪的脾气。

夜行者是最古怪的人。
你看他在黑夜里:
戴着黑色的毡帽,
迈着夜一样静的步子。

祖国呵,我亲爱的祖国

一、1. (1) bèi (2) biě (3) qiàn (4) cù (5) bó (6) wǎng (7) fèi

2.《舒婷的诗》,龚佩瑜,《双桅船》,《会唱歌的鸢尾花》,圆周

3. 我/是你/河边上/破旧的/老水车

数百年来/纺着/疲惫的/歌;

我/是你/额上熏黑的/矿灯

照你/在历史的/隧洞里/蜗行/摸索;

我是/干瘪的/稻穗;是/失修的/路基;

是/淤滩上的/驳船

把纤绳/深深

勒进/你的/肩膊;

二、1. (1) 这些意象象征了祖国落后的经济、落后的文化和多年蒙受的苦难,同时也展现了在灾难中艰难挣扎、缓慢前行的祖国形象。

(2) 这些意象象征了祖国摆脱束缚、蒸蒸日上的状态。

2.诗歌以第一人称写成,以"我"向"你"(祖国)的倾诉,表达了抒情主人公强烈的爱国之情和历史责任感。

诗中,"我是你……"或"我是……"句式反复出现,强调"我"和祖国一同走过艰难困苦、一同经历风雨沧桑,"我"和祖国生死相依、血肉相连。这个"我"代表着与共和国有着共同命运的一代人,这一代人面临新的历史机遇,他们将承担起振兴中华的历史责任。"我"的形象,是熔铸在祖国的大形象里的。

3.(1)四句"祖国呵"所抒发的情感并不一样。第一句抒发了诗人难以言状的悲哀之情;第二句蕴含着诗人的几多痛苦和几多希望;第三句是诗人对祖国母亲的豪壮誓言;第四句是诗人对祖国美好未来感到无比自豪时抑制不住的深情呼唤。可见,诗人的感情由低沉叹息逐渐转向亢奋热烈。

(2)因为这种变化是历史发展在诗人心灵中折射的必然。"文革"浩劫之苦造就了舒婷这一代人富有时代特征的迷惘、困惑、怀疑、失落的情绪,也使他们通过心灵的折光引发严峻的思考、深刻的反省和顽强的追求。舒婷的诗把个人的悲喜同民族和国家的命运结合起来,把对现实的感知同理想的追求结合起来,表现出强烈的爱国主义精神、忧患意识和历史使命感。

三、1.(1)朦胧诗实际上是指成长于"文革"时期,备受生活的冷落与嘲弄的青年诗人创作的诗歌。他们多强调主体的真实,追求象征和意象化,蕴含着伤感情调和反叛精神。代表人物:北岛、舒婷、顾城。
朦胧诗的特点:① 构思上,强调内在思维。② 表现手法上,追求意象化,往往象征、暗示、通感等并用,将生活扭曲变形,借以表现诗人"心滤"的现实。

(2)舒婷的这首诗虽算不上很"朦胧",但具有朦胧诗的基本特征,如重视诗人自我的内心表达,运用通感、意象、象征、隐喻等写法。

2.(1)第一段表达了对祖国的理解,第二段表达了对祖国的奉献和热爱。

(2)这首歌词的语言直白,非常明确地表达了热爱祖国的思想感情。而《祖国啊,我亲爱的祖国》虽然也有直抒胸臆的地方,但更多的则是委婉含蓄,体现了朦胧诗的特点。

(3)略

死　　水
断　　章

一、1.(1) yī　(2) nì　(3) qǐ　(4) jiáo
2.《闻一多全集》,格律体新诗,卞之琳,《雕虫纪历》
3.沦;羹;花;霞;沫、破;明、声;在、界。
二、1.(1)诗人选用"翡翠"、"桃花"、"罗绮"、"云霞"、"珍珠"等华丽词语描写一沟死水,将丑恶写得很美。美与丑交织反差,造成新颖独特的表达效果。丑越写得美,越易引起反感,使读者去反思诗人要表达的真实感情,增加了引人思考的魅力。

(2)揭露和讽刺了腐败不堪的社会,表达了诗人对丑恶现实的绝望、愤慨,也表达了深沉的爱国主义感情。
2.《死水》是新格律诗的代表作之一。从形式看,全诗五节,每节四句,每句九字,排列非常整齐,内部又有变化,结尾双音节收尾;从韵律看,二四句为脚韵,每节有所变换,读起来十分和谐。每行诗又以四音节为主。由于内在节奏的高度和谐一致,加上严格的双行押韵、每节一韵的音响效果,使全诗的节奏十分鲜明。这些都充分体现了音乐美的特点。
3.诗人通过这两组相关联的意象,表达了一种相对、平衡的观念:人可以看风景,也可能成为风景之一而被别人观赏,这是相对;明月可以装饰你的窗子,而这一切又可能为他人梦境的装饰,这也是相对。由此抒发了诗人的一种哲理性的思考:宇宙万物息息相关,互为依存。明白了事物间普遍存在的相对、平衡的关系,人就不应该再有怨尤。

三、1.《烂果》用拟人的手法生动地描述了传统中国人封闭的灵魂和盼望自我解放的愿望。在艺术上的最大特色就是采用第一人称叙述了"烂果"这一意象,生动呈现了一种自我解剖的精神。《死水》则是把军阀统治下黑暗陈腐的旧中国比作"一沟绝望的死水",对其进行了强烈的鞭挞与诅咒,表现了诗人深沉的爱国热情。诗中特别注意选取如"翡翠"、"桃花"、"珍珠"等易于引起人们视觉联想的辞藻,使死水显现出繁复的色彩,以加强诗句的绘画美感。诗人用美丽的色彩来描绘死水的"表",当然正是为了有力地揭示它那丑恶的"里"。表与里的强烈对比,造成强烈的反讽效果,犹如漫画中的夸张、修辞中的反语。

2.略

黄 土 地

一、1. (1) bó (2) jì (3) yǔn (4) jié

2.《我常常享受一种孤独》,李瑛,《一月的哀思》,《我骄傲,我是一棵树》

3. (1) 黄云在飞,苍鹰在飞 (2) 高山外的高山 流水外的流水

二、1.黄土地具有以下特点:含蓄而沉默、磅礴而精壮、有沉郁的力量。

2.诗人通过排比的修辞,写出了黄土地含蓄而沉默的性格,增强了诗歌的表达效果,表达了诗人对黄土地的热爱。

三、(1) 落日象征着我们这个古老的民族在发展中创造的灿烂文化和丰功伟绩,这些文化和功绩面临着巨大的蜕变,将被洗去旧日的创伤和沉淀的尘垢,以光辉形象再一次升起在东方。

(2) 表达了作者对祖国山川大地的热爱之情。

面朝大海,春暖花开

一、1. (1) pī (2) juàn (3) mò

2.查海生,《土地》,《海子的诗》

3.喂马,劈柴,周游世界/我有一所房子,面朝大海,春暖花开

4. A

二、1.诗人真诚祈愿每一个陌生人在尘世获得幸福,展示了诗人的博大爱心和真诚良知。

2."从明天起"意味着"今天"的不如意、不幸福,今天注定孤独、黯淡,注定无法融入尘世的幸福生活。

3."我只愿"暗示了前边的一切,原来都是诗人在为别人祈祷,他自己根本就不愿去拥抱世俗,而是坚守自我的空间和姿态,只愿独自一人面朝大海,背对尘世,静看花开花落。

三、作者用简单的意象构成了理想中的诗意家园,表现了人生的幸福、人世的可贵,表达了对珍贵人间的热爱,体现了作者对美好事物的眷恋和对幸福生活的向往。

第二单元

金岳霖先生

一、1. (1) jǐ (2) jī (3) guān (4) jǐng (5) dēng (6) zhān (7) zào (8) yì (9) jiá (10) ní

(11) zǎo　(12) qi

2.(1)简　(2)乐　(3)攮　攘　(4)交

3.短篇小说《受戒》、《大淖记事》，剧本《范进中举》等。

二、1.(1)这里的"好玩"不能作浅俗的理解，因为这是一种学者文人的雅趣，是对别人以为很深奥的学问深入玄境、真诚探求后获得的不同流俗的快乐的自然流露，这是深入学问后获得的深入肺腑的真乐，表现了金岳霖学问的精深，也表现了作者对金先生的钦佩和敬意。

(2)"有趣"就是有意思，就是能引起人的兴味。这里的"有趣"不是好玩，更不是俗趣，而是有一种率真的性情，有一种独特的精神魅力和风采。表现了作者对金岳霖先生深深的敬意和追怀。

2.(1)生动地表现了金岳霖的赤子情怀，通过金先生的自得其乐，表现他对生活的"一往情深"。

(2)金岳霖是西南联大教授这一特殊群体中的一员，他身上既折射出西南联大自由知识分子独特的精神魅力，又有着自己的个性和意趣。这里不仅表现了作者对金岳霖的深深敬意和怀念，同时也表现出了作者对西南联大的教授群体，对西南联大的那些美好的人、事，对西南联大的精神、风骨的追忆，咀嚼和深深的眷恋。

三、1.写天游峰的高和险，不只交代了扫路人的工作环境，也巧妙地为刻画扫路人的精神风貌作了铺垫。

2.乐观、自信、豁达。

3.略。只要言之成理、言之有据即可。

假如给我三天光明

一、1.(1) cāo　(2) chǐ　(3) qì　(4) kuò　(5) máo　(6) ào　(7) kēng　(8) shi　(9) yáo　(10) qīng

2.(1)摇　(2)得　(3)邪　(4)理　(5)复　(6)姿　(7)舍　(8)万

3.(1)凝视，珍藏　(2)陶醉，吸取　(3)敬畏，仰望

4.第一天，端详周围的亲人和所有亲密的朋友，看清家里的摆设，在树林和田野散步。第二天，观看自然史博物馆和首都艺术博物馆，看戏、看电影。第三天，周游纽约城区。

二、1.(1)表现作者对现实生活的关注和热爱。无论是快乐还是忧伤，她都绝不回避，充分表现了她对生活的挚爱。因为在她的心中哪怕是极凄惨的生活也是生活的一部分，都是值得思考、值得好好去回味的。

(2)说明很多人对生活的馈赠常常是觉得理所当然，不去好好珍惜，表现作者对生活的珍惜与热爱。

2.作者多年生活在无光无声的世界里，获得光明早已不再可能，所以只能是设想"假如给我三天光明"。这样的设想，一方面表达了作者对光明的热切向往，另一方面也借此表达作者对生活的挚爱和对世人要好好珍惜生活的规劝。

三、1.霍金认为他还有可以活动的手指、善于思维的大脑、终身追求的理想、亲人、朋友和一颗感恩的心，他已拥有许多东西了。执着于自己失去的就会困扰于抱怨而不能自拔，站到事物的另一面，细数自己所拥有的东西会让我们对一切都充满感激。霍金的回答豁达，充满智慧。

2.虽然身有残疾，但不断求索的科学精神让他在自己的研究领域作出了杰出贡献。面对病魔，顽强抗争；坦然面对人生的不幸，拥有一颗感恩的心。

3.不应抱怨命运的不公，谁还会比霍金更为不幸呢？用一颗感恩的心，积极乐观地面对生活的磨难，勇敢地追求自己的理想，我们都会成功。

故乡的榕树

一、1. (1) wěng　(2) yè　(3) mǐn　(4) chún　(5) pàn　(6) zēng　(7) piāo　(8) qí　(9) sōu　(10) tián　(11) yìn　(12) yǒu　(13) gē　(14) xīn

2. (1) 瓢　(2) 魁　(3) 青　(4) 惊　(5) 悠　(6) 悦

3. (1) 清澈,彩色,洗衣和汲水,追逐欢笑,洁白,刻字,光滑　(2) 秋苗青青,火红杜鹃,芬芳　(3) 悄悄,轻轻,静静,慢慢

4. (1) 儿时与小伙伴在老榕树上玩"划船"游戏;(2) 有关"驼背"的古老传说;(3) 乡民们祈求"榕树之神"赐福及祖母对"我"的疼爱;(4) 农人们酷热时在榕树下纳凉避暑;(5) 儿时在榕树下度过的愉快的夏夜。

二、1. (1) 通过写"我"奉祖母之命上树折枝的事,写出祖母的慈爱善良和少年的"我"的天真调皮,表现祖孙间的深情,表达对祖母、对故乡的浓浓思念。

(2) 暗示离童年生活已经过了三十载,离开故乡已是千里万里,表现出作者对故乡的思念、不舍和难回故里的惆怅。

2. 不好。因为在原文里作者使用第二人称,连用几个问句,不断追问,而答案就在语句之中,非常深情地抒发了浓浓的积淀了三十年的"乡情"。这样用呼告手法来直接抒情的表达方式,可以使思乡的感情表达得更加连贯、更加强烈。如果改用陈述句,就没有这种发自肺腑倾诉"乡情"的强烈效果了。

3. 蛇精的传说不仅给榕树增添了神话色彩,也表现了故乡独特的民间风俗。正是故乡的独特文化滋养了作者幼小的心灵,三十年后,远离故乡的作者对这传说依然记忆犹新,表现了作者对有着丰富文化的故乡的留恋和向往。

三、1. "摇桂花"给童年的作者带来无穷的乐趣,文中写"'摇桂花'对我是大事",还描写了自己"摇桂花"的经历,生动地说明了"我"难忘桂花的原因,表达了对童年、对故乡的难舍与眷恋之情。

2. 从中可见母亲对故乡的真挚眷恋,同时作者也借此表达了自己对故乡永远的怀念和无法常守故乡的惆怅。

3. 略。只要能联系具体内容,扣住两篇文章都是寓情于景、借景抒情,都是借故乡的事物表达乡情乡愁的即可。

我所知道的康桥

一、1. (1) qì　(2) píng　(3) dǐ　(4) suō　(5) yīn　(6) qiǎn　(7) yǎo tiǎo　(8) pì nì

2. 诗集有:《志摩的诗》、《翡冷翠的一夜》、《猛虎集》、《云游》;散文集有:《再别康桥》、《落叶》、《巴黎的鳞爪》等。

二、1. 康桥在康河上,康河上游是拜伦潭,有果园;康河下游是春夏竞舟的场所。在这条河上,可以星光下听水,听近村晚钟,星光与波光中是大自然的优美、宁静。所以康桥的灵性全在了康河。

2. 作者把康桥当成了精神的归宿、心灵的故乡,由此可以看出作者对康桥的不可割舍的深情和刻骨铭心的眷恋。

三、1. 运河间的绿色低地上成群的牛儿,有驰骋的骏马,有悠闲的羊群、猪群、小鸡,它们是这片低地的主人。人们即使挤奶,也小心地不打扰它们。

2. 静谧,悠远,人与自然和谐相处,几近完美。
3. 这两篇文章在景物描写上都采用了寓情于景、借景抒情的手法。

秦　腔

一、1.(1) xiān (2) chuán (3) liàn (4) huá (5) gǔn (6) liù zhou (7) lài (8) dūn (9) dí (10) jiū (11) rǒng (12) wēi (13) cuán (14) líng (15) jiē (16) qī

2. 肖　筋　覆　倚　煞

3.《浮躁》,《秦腔》

二、1.(1) 写出了秦腔的形成和存在的原因。秦川特殊的地理环境、人文环境、人的生活习惯等孕育了秦腔。　(2) 秦川的农民是世上最劳苦的人,秦腔给他们辛苦而刻板的生活带来了无比的乐趣。

2.(1) 外貌描写,写出了秦人粗壮、纯朴的特点。　(2) 动作描写、语言描写。生动形象地写出了演员们技艺的高超。

三、1. 青莲迷上青衣;青莲拜师学戏,出师成名;青莲弃演青衣;青莲重演青衣。

2.(1) 柳月如和青莲都是技艺高超的青衣表演者。　(2) 情节是围绕青衣展开的。　(3) 突出文章主题,青衣代表传统戏曲,体现出传统艺术永恒的生命力。

3. 略

第三单元

走向正在消逝的冰川

一、1.(1) báo (2) qiān (3) dūn (4) qī (5) yùn (6) lì (7) dǎo (8) páo (9) méng

2.(1) 呻吟:指人因痛苦而发出声音。(2) 耸立:高高地直立。(3) 沼泽:水草茂密的泥泞地带。(4) 吞噬:吞食。(5) 眷恋:(对自己喜爱的人或事物)深切地留恋。(6) 奄奄一息:形容气息微弱。

3. 广播特写(纪实广播),姜古迪如冰川,忧思(担忧)

4. 第一封家书写于1998年9月1号、3号,从海拔4000多米的高原帐篷里写出,一个正在悄然变化的长江源区在各种声音中悄悄地涌上阅读者和倾听者的脑海。作者与长江源科学探险队正走在通往姜古迪如冰川的路上。第二封家书写于1998年9月4号、10号,作者倾诉了从海拔4000米到5400米的长江源区的生态恶化和行走的艰难。第三封家书写于1998年9月12日,作者专门介绍姜古迪如冰川。

二、1. 作者对声音的处理分三个阶段:海拔4000多米,海拔5400米,姜古迪如冰川。① 海拔4000多米,作者先后用冰雹声、歌声、牧民的口哨声、挤奶声、小鸟鸣叫声等声音呈现人的活动与长江源区严重的沙化现象。② 海拔5400米,作者先后用小羊的倒气声、牦牛过沼泽小河的声音、下雹子声、人的喘气声、走在冰雪上的咯吱声来呈现长江源区的生态恶化。③ 在姜古迪如冰川,作者用冰川的滴水声、河水声、浪涛声来表达自己对长江源区生态恶化的忧思。

2.(1) 夕阳下的冰川和冰川上的夕阳让幺妹感受到了自然的壮美与尊严,也让她体验到了人与自然融为一体的喜悦,也让她禁不住地要用歌声表达自己的情感。此情此景,幺妹觉得只有《青藏高原》这首歌才能释放自己的激情。(2) 幺妹之所以唱着唱着又哭了,是因为她被眼前的壮美深深地震撼了,因感动而哭泣。

73

3.(1)作者用"皱纹"比喻冰川融化的痕迹。"那些皱纹之间已经染上了风尘的颜色"是指姜古迪如冰川的融化与人类的活动有关系。(2)作者看到眼前千万年才形成的冰川正在因环境的恶化而一滴滴一点点地融化,人们在用自己的行动破坏着自身生存的未来,因而"有一种揪扯的痛感"。

4.作者把冰川的融化形象地比喻成哭声,既是对长江源区生态恶化的担忧,又是对未来人类将后悔自身行为的预言。最后一句话表达了作者对人类自身未来的忧思,照今天的发展趋势,明天的姜古迪如冰川必将融化完自己的最后一块冰。

三、1.(1)这些声响处理给读者或听者描绘了一种特写的气氛,渲染出了宁静高远、粗犷和谐的高原清晨,让人想象无穷。(2)增减合理即成,但不能改变气氛营造的宗旨。

2.广播媒体是非常适合倾听的,家信的亲切用电波的形式传递给听众会更具感染力。(意思对即可)

老师,对不起

一、1.(1) shāo　(2) zuó　(3) zhào　(4) chàn　(5) 豫　(6) 监　(7) 撑　(8) 撼

2.(1)压抑:对感情、力量等加以限制,使不能充分流露或发挥。本文中指情绪沉重,感觉不畅快。(2)琢磨:思索,考虑。(3)忏悔:认识了过去的错误或罪过而感觉痛心。(4)宽容:宽大有气量,不计较或追究。(5)笼罩:像笼子似的罩在上面。(6)阴影:阴暗的影子。本文指做错事后的罪过感。(7)感染:通过语言或行为引起别人相同的思想感情。(8)打草惊蛇:比喻采取机密行动时,不慎惊动了对方。

3.一个叫史国良的人在"文化大革命"期间做了一件伤害老师的事情,这件事让他三十多年来备受折磨,最后他用几十年的时间苦寻自己当年的老师并寻找道歉的机会。这是一个忏悔与宽容的故事(或者话题)。

二、1.(1)说明史国良的确是个孩子,他有些天真的汇报甚至只是为了获得一句表扬,同时也可以看出极"左"思想对孩子的侵害。(2)无奈、感慨。

2.(1)看到老师挂上画着叉子的牌子被批斗,被人用鞭梢子抽打,被人铰了头发,史国良就后悔了,他的道歉行为是给被关在厕所里的老师送西红柿,并亲口对老师说了"对不起"。(2)当年的道歉在成人之后的史国良看来是非常不正式的,那样的道歉不足以洗刷自己内心深处的罪恶感,他要以成人的严肃来忏悔。

3.在整个"文化大革命"时期,在现实的社会生活中,许多人都会遇到忏悔与宽容的问题,尤其是"文化大革命"期间产生的错综复杂的伤害与被伤害的事件,申老师觉得自己应该做一个宽容先行者,这也是对忏悔者的解脱。整个社会现在迫切需要这样的忏悔与宽容行为。

4."死去的历史"是具体的时间和事件,"活着的历史"是人的灵魂和人们对过去的记忆与追问。

5.这次节目谈的是"文化大革命"中一个人对另一个人的伤害,在时隔三十多年后,伤害者终于向被伤害者忏悔,这是值得高兴的事;一个背负了34年罪孽感的人终于在今天得以释放了心情,所以让人高兴;宽容与忏悔都是需要胸怀与勇气的,即使这样的行为在今天仍然发生在少数人身上,但也体现了社会的进步,所以这也是让人高兴的。

三、1.在访谈前,访谈者要广泛了解掌握被访谈者的背景、生活经历等相关信息,要熟悉本次访谈的主题,要准备好详细的访谈提纲。在访谈过程中,访谈者或主持人应在被访谈者与观众之间营造出良好的访谈气氛,要注意如何让观众对访谈人物及内容产生兴趣,要方便观众对相关信息的理解。访谈中,访谈者或主持人要机智发现随时可以深入挖掘的问题和新鲜信息。

2.这次节目不仅让一个背负几十年罪孽感的人得以释怀,而且它最大的价值是向社会公众倡导了一种文明行为,展示了宽容与忏悔的道德力量。

关于北京城墙存废问题的讨论

一、1. (1) gěng (2) qiáng (3) chà (4) tuǒ (5) 轩 (6) 焚 (7) 滥 (8) 蔓

2. (1) 狭隘:本文指观点、见识局限在一个狭小的范围里,不宽广宏大,比较片面。(2) 嵯峨:山势高峻,本文指北京城墙的高大。(3) 轩昂:本文形容北京城墙的高大与气势不凡。(4) 庸人自扰:今泛指本来没有问题而自己瞎着急或自找麻烦。本文指主张拆除北京城墙的人。(5) 无可非议:没有什么可以指责的,表示言行合乎情理。(6) 见树不见林:只看到树木,没有看到森林。指只看到局部,看不到整体或全局。比喻认识片面或目光短浅。

3. 广东,建筑师,建筑史学家

4. 城墙是古代防御工事,现已失去功用;城墙是封建帝王遗迹;城墙阻碍交通;拆了城墙有利可图。

二、1. (1) 针对"阻碍交通"说,梁思成用"选择适当地点,多开几个城门,便可解决"作辩,接着从现代道路设计的原则上进行辩驳,指出适当的城门还可以起到控制车流的作用。(2) 可赞成可反对,只要自圆其说就行。

2. (1) 辩驳思路:先用"故宫"、"天安门"两处典型的"封建遗迹"反问,置对手于不好回答的境地,再用"一切建筑体形的遗物都是""劳动人民创造出来的杰作"来说理,继而引述北京城形成的历史,用史实说明自己事理的根据和正确性,从而形成了一个较为严密的论证逻辑关系。(2) 在梁思成眼中,北京城墙不仅不是封建遗迹,而且还是人类的历史遗产。

3. 从语段内容可以推出拆除派的观点是:拆除城墙"有利可图"。梁思成从专业的角度解说墙土的质地、运土的代价,最后指出拆除城墙"不但是庸人自扰,简直是罪过"。这一部分,与梁思成辩驳"封建遗迹"说相同,都使用问句开始辩驳,但这一语段的语气比较"封建遗迹"说要和缓得多。

三、1. 反对具有文学特长的学生被特招。其理由是一旦具有文学特长的人被大学特招,那么任何具有某方面特长的人都应该被特招。那么,现行的高考制度就会崩溃。而现实情况下,高考制度是中国社会最为公平的一项制度。

2. 论述者先说高考制度尽管有些薄弱环节,但目前高考制度是最为公平、最受老百姓信赖的一项制度,而且这些薄弱环节因为有比较明确的限制仍然处在可以控制的范围内。接着陈述如果此时扩大保送生的数量和特招生的范围,势必造成高考已有的薄弱环节无法控制并最终导致现行高考制度的崩溃。老百姓最信赖的制度崩溃势必会带来一系列复杂的矛盾与后果。

3. 提示:辩驳对方观点可以从事实、对方观点的漏洞、理论等多个层面去考虑。

白发的期盼

一、1. (1) shàn (2) liáo (3) zhēng (4) huáng (5) 弥 (6) 吁 (7) 伺 (8) 唠

2. (1) 赡养:供给生活所需,特指子女对父母在物质上和生活上进行帮助。本文中的"精神赡养"指的是子女对父母在精神上的安慰与帮助。(2) 融洽:彼此感情好,没有抵触。有时也指气氛好。(3) 耳熟能详:听的次数多了,熟悉得能详尽地说出来。(4) 忍无可忍:要忍受也没法儿忍受,形容忍耐达到极限。(5) 天伦之乐:指家庭中亲人团聚的快乐。

3. 精神赡养。采访老年人重在表现他们"精神需求"的迫切性;采访中年人重在表现他们"精神赡养"意识

的淡漠;采访青年人重在表现年轻人认识上的误区。总之采访这三类人,是从"精神赡养"的需要者与责任承担者双方的实际状况作出具体的报道与分析,以引起人们对这一问题的重视。

二、1. 高先生的这个举动说明两点:一是孙子打小就是老人带大的,老人很喜欢孙子;二是反映了他内心的一种寂寞。

2. 高先生说孙子要是小的话,他能带他到处去玩,这是排解老年人寂寞的一种方式,现在孙子不能来了,他只能用养鸟来打发时间,当年带孙子的快乐现在只能通过养鸟来实现,所以他会说这是拿鸟当孙子。

3.(1)可能儿女工作太忙,可能儿女离自己太远,也可能儿女不是太孝顺,等等。这些因素都会让老人把内心的一种渴望永远放在心里,把生命的一份孤独与寂寞留给自己。(2)作者在此表达的是一份同情与感慨,在作者看来,无论老人们是否说出了"常回家看看",儿女都应该"常回家看看"。

4. 对话围绕吴老师退休后的生活展开,吴老师退休后许多时间还是到学校实验室做实验,之所以如此是因为吴老师的两个女儿都在国外,她是借做实验打发时间。这段对话想告诉我们这样一个问题:像吴老师这样的空巢老人,他们必需的来自子女的精神安慰无法得到满足。

5. 我们从中可以看出吴老师对一方面内心充满了理解,另一方面又充满了孤独、寂寞与无助。反映出的社会问题是老年人的精神赡养问题。

三、略

不要活在新闻里

一、1.(1) yíng (2) qǐn (3) zhī (4) shùn (5) kē

2. 章 概 澜 仆

二、1.(1) 谈历史现象,为了引出论题——不要活在新闻里,同时也便于读者理解。

2.(1) 负面新闻并不构成对其工作的全盘否定,更不意味着媒体包藏恶意。 (2) 如果带着苛求的、要求完美的眼光去看他人、政府、社会、生活,难免就会脱离实际。

3. 应该给"自杀者"以继续活下去的希望;要去了解悲剧背后更实在的原因,而不能停留于指责。

三、略

第四单元

在马克思墓前的讲话

一、1.(1) liáng (2) bàng (3) wú (4) huò (5) dào (6) lè (7) kòng (8) zhuó (9) pì (10) jí (11) zhōng (12) yìng

2. A(B."振聋发聩"比喻用语言文字唤醒糊涂麻木的人,使他们清醒过来。搭配不当。C."无人企及"与"空白"搭配不当。D."望其项背"形容赶得上或达到。搭配不当,同时句意不合逻辑。)

3. 不好,原句突出了马克思是一个思想家,而且表达了恩格斯对马克思逝世的惋惜之情。

4. 谁也不能否认,这个人的逝世,对于欧美战斗的无产阶级,都是莫大的损失。

5.(1)生命要素:活着就要斗争。满腔热情:写斗争的高度热情。坚韧不拔:写斗争的坚强意志。卓有成效:写斗争的成绩卓著,斗争是马克思的毕生的使命。

(2)既是悼念,更是表达了一种坚定的信念和崇高的赞颂之情:在无产阶级争取自身解放的整个历史过程中,将始终以他为榜样,将始终需要他的指导——马克思将与整个无产阶级事业共存。

二、1.尊敬,爱戴,悼念

2.这句话运用了比喻修辞,含蓄而发人深思。它具有两方面的含义:一是说明敌人对马克思的攻击很多,但十分无力;二是说明马克思对敌人十分蔑视,表现了马克思崇高的思想境界。

3."许多敌人"都是因阶级利益冲突而结下的,都是无产阶级的敌人,说明马克思不存私念,为人无懈可击。这种含蓄的评价高度赞扬了马克思光明磊落、大公无私的高尚革命精神。

三、1.第一流人物对于时代和历史进程的意义,在其道德品质方面,也许比单纯的才智成就方面还要大。

2.才智成就 道德品质

3.性格坚强,意志纯洁,严于律己,客观公正,谦虚谨慎,以及为实现理想坚持到底的精神。

4. A.欧洲知识分子:缺乏居里夫人那样的品质力量和热忱。 B.欧洲的现代:不能令人满意

5.两文都对人物的卓越成就、高尚品质给予了高度评价,充满赞颂和崇敬之情。《在马克思墓前的讲话》抓住马克思作为科学家和革命家的特点写,着重写他的卓越贡献和成就;《悼念玛丽·居里》对居里夫人在科学上的突出成就只是一笔带过,而将评价的重点放在其崇高的道德品质上。

友邦惊诧论

一、1.(1) chà (2) shù (3) ōu (4) cuán (5) bǔ (6) lù (7) dài (8) chǔ (9) yǎn (10) bù (11) sè (12) zī

2.(1)计策、办法 (2)搪塞 (3)不久 (4)现在

3.(1)"略有知觉的"意味着血腥屠杀而反诬学生的国民党政府麻木不仁,惨无人道。
(2)"国民党政府的"指出了所谓"友邦"仅是国民党政府的,而不是中国人民的友邦。
(3)"我们的"似表关系亲密,实际上是冷嘲热讽,增强了语言的讽刺效果。

4.不补写最后一段,也完成了批驳任务。因为上文已驳斥了论点,对国民党政府的论据虽不能以事实否认,也鲜明地表示了否定态度。加了最后一段,进一步以铁的事实否认了论敌的论据。

5.立论 反驳论点,反驳论据,反驳论证

二、1.(1)强占:用武力攻占。(2)秩序:反动统治。(3)文明:对内镇压,对外侵略,即野蛮。

2.反语,排比,反复,引用。

3.通过批驳对方的论据来驳倒对方的论点

4.日本帝国主义的同伙,人民的死敌

5.讽刺与反语

三、1. B(以天空中水汽凝成雨滴的事实说明"异类可以成为事物的中心"。)

2.人们往往对异类排斥、打压,缺少起码的宽容。作者认为应该肯定具有积极意义和带来创新结果的异类,容忍无害的异类现象。

3.宇宙万物间普遍存在异类现象,所以是正常的;异类的存在可以促进事物的发展,具有积极意义,所以是必需的。

人生的境界

一、1.(1) chèn (2) shàn (3) cāo (4) jué (5) jǐ (6) chán (7) mán (8) jí (9) yù (10) chā (11) xùn

2. 我珍惜痛苦的回忆,也珍惜快乐的时光;我珍惜人生的每一次坎坷,也珍惜每一次成功;奋进的痛苦和欢乐(本题要从整个语段的表意中心出发,照顾到句式的前后相称性)

3. 士 先秦 演进

二、1. 这句话的意思是圣人做的是平常人做的事,也只做平常的事。

2. 哲学的任务是使人明白行动和生活的意义,帮助人达到道德境界和天地境界。

3. 基本是一样的。因为柏拉图强调的是自己与宇宙同一,超越智慧;禅宗强调的"觉"也是智慧,是"万妙之源"。

4. 这四段文字,阐述了哲学的任务是使人达到人生的最高境界以及怎样才算人生的最高境界。

三、1. 流传至今 制约现代人 发展和更新

2. 传统有接受并传给后代的作用,但它不是一成不变的。

3.(1) 中华民族的优秀传统道德,有些在古代经典中并没有记载。 (2) 古代经典不能完全代表中华民族的传统道德。

咬 文 嚼 字

一、1.(1) xián (2) zēng (3) jí (4) zī (5) jiáo (6) jié (7) jīn (8) sù (9) xié (10) jiè (11) jǐn (12) zú

2.(1) 杂 (2) 稽 (3) 差 (4) 蒡 (5) 莘 (6) 绌 (7) 寐 (8) 茸 (9) 萃 (10) 粟

3. 必须有一字不肯放松的谨严;要结合意境斟酌字句;既注意斟酌字句,更要注意思想情感的表达。

二、1.(1) 习惯 (2) 习惯老是欢走熟路。熟路抵抗力最低,引诱性最大,一人走过,人人就都跟着走,愈走就愈平滑俗滥,没有一点新奇的意味 (3) 比喻 拟人

2.(1) 从前做诗文都靠从古书中找辞藻典故 (2) 安于并毫不斟酌地使用套语滥调

3.(1) 一个人的心理习惯如果老是倾向"套板反应",他就根本与文艺无缘。 (2)①"套板反应"和创造的动机是仇敌; ②"套板反应"引不起新鲜而真切的情趣。

三、1. 诗绝非对人生世相的抄袭,而是有取舍、有剪裁、有创新,有作者性格、情趣的浸润渗透

2.(1) 诗必有所本,本于自然;自然与艺术媾和,在实际的人生世相之上另建宇宙 (2) 诗与人生世相的关系,妙处惟在不即不离 (3)① 惟其"不离",所以有真实感 ② 惟其"不即",所以新鲜有趣 (4) 不亲密,也不疏远

3.(1) 在心领神会一首好诗时,发挥想象,可催生出画境或戏景显现于眼前,勾摄你的神魂 (2)① 崔颢的《长干行》 ② 王维的《鹿柴》 (3) 两首诗都俨然是戏景,是画境。它们都是从混整的悠久而流动的人生世相中摄取来的一刹那,一片段

巴尔扎克葬词

一、1.(1) suǒ (2) zhòu (3) wéi (4) pōu (5) yì (6) jiù

2.法,《人间喜剧》

3.《巴黎圣母院》,《悲惨世界》

4.《吝啬鬼》,《达尔杜弗》

5.启蒙,《爱弥儿》,《忏悔录》

二、1.(1)巴尔扎克用自己的作品打好了坚实的人生基础。未来人们会尊敬他、爱戴他,会把巴尔扎克无形的雕像安放在内心。

(2)巴尔扎克的逝世固然让人悲哀,让人们觉得黑夜来临,但它带给人们更多的是悲痛之后的无穷力量,预示着光明的到来,代表一个新时代的开始,象征一种永恒。

2.创作展示了19世纪上半叶法国社会生活的画卷,既是文学作品,同时也是一部历史;他的作品是有生命的,有光亮的,深刻的;他的作品是一部又是观察又是想象的书。

三、1.被旧时代诅咒,受到未来的祝福。

2.伏尔泰一生经历了达到极点的专制时期和刚刚露出一线晨曦的革命时代;他是各派思想的元首,开辟了一个新纪元。

3.他把黎民百姓提高到尊严的地位;他教化、抚慰、播种文明;面对封建和宗教势力的种种迫害,他不屈不挠,坚定不移,战而胜之;他具有讽刺、幽默、坚韧的战斗风格。

第五单元

短 歌 行

一、1.(1) pì (2) jīn (3) mò (4) qì (5) zā (6) bǔ

2.(1)人名。相传他是最早发明酿酒的人,这里用作酒的代称。(2)衣领 (3)吹奏 (4)满足 (5)口中咀嚼着的食物 (6)问候,拜望

3.孟德 建安 歌声的长短

4.A

二、1.表面看"对酒当歌,人生几何"是写个人的感慨和忧愁,仿佛要放浪形骸、及时行乐,有消极的一面在其中。但其实这里讲"人生几何"是一个政治家的感慨,对一个有理想、有抱负,又有实现这种理想和抱负的有能力的人来说,最担心的是在有生之年无法成就无限的事业。所以,他感慨人生短暂,展现了祈求建功立业的积极人生态度和广阔胸怀。同样,中国古诗中"人生苦短"的慨叹,大都包含一种苍凉而深沉的人生理想。

2.诗中多次出现"忧",但并不是消沉的、囿于个人情绪的愁苦。纵观全篇,我们可以看到,作者的"忧"一来自人生短暂,稍纵即逝;二来自贤才未至,功业未成。而这两者之间也是相辅相成的。因此,这首诗的基调是健康、积极的,它洋溢着高昂的情绪,蕴藏着应及时努力的思想。

3.两种理解都有自己的合理之处。

诗歌从开始就写忧思,"慨当以慷,忧思难忘"、"但为君故,沉吟至今",承接上文的"忧思",这里"明明如月"可能写作者的忧思。

但同样,上文也多次委婉地提及"贤才",如"青青子衿"、"但为君故"等,承接此意,作者也可能是将贤才比

喻成天上皎洁明亮却可望不可得的月亮。

两种理解和作者求贤若渴的主题都是一致的。

三、1. 在《三国演义》中曹操被视为"乱世之奸雄",然而小说毕竟是小说,有很强的虚构性。历史上真正的曹操并非小说中的那种形象。《三国志》作者陈寿将曹操一生概括为"非常之人,超世之杰"。

在这首《短歌行》里,我们看到了他慨叹人生短暂,时光易逝,要及时努力的人生态度;看到了他求贤若渴、礼遇贤才的英雄的心胸和诗家的气魄;看到了他"山不厌高,海不厌深",愿做"周公吐哺,天下归心"的坦荡襟怀与勃勃雄心。一个有理想、有抱负、有胸襟和气度的政治家形象跃然纸上。

2.《观沧海》这首诗,从字面看,海水、山岛、草木、秋风,乃至日月星汉,全是眼前景物,但景中蕴藏着深厚的感情。诗中对景物的描写渗透着诗人的感情,作者以沧海自比,通过写大海吞吐宇宙的气势,来表现自己宽广的胸怀和豪迈的气魄。沉雄健爽、气象壮阔的景物正是作者充满自信,积极进取,叱咤风云的伟大风度和气魄的象征。

春江花月夜

一、1.（1）yàn　（2）xiàn　（3）pái　huái　（4）zhēn　（5）tīng　（6）jié

2.（1）经不起、受不了　（2）飘荡江湖的游子。扁舟:小船、孤舟。　（3）同"纹",波纹　（4）穿越

3. A

二、1. 这里用比喻的手法来写月光,月光像白霜一样从空中流下,铺满天地,但你却感觉不到它的飞翔;它照在江畔的沙滩,和白沙融为一片,让人分辨不出何处是沙、何处是光。两句诗不仅写出了月光的皎洁,也写出了它的无处不在与宁静祥和,这样就创造了一个幽美恬静、如梦如幻的艺术境界。

2. 这是一个感人的细节描写,也用了拟人的修辞手法,仿佛月光也具有了人的情感。它把柔和的清辉洒在妆镜台上、玉户帘上、捣衣砧上。岂料思妇触景生情,反而思念尤甚。她想赶走这恼人的月色,可是月色"卷不去"、"拂还来"。这里"卷"和"拂"两个痴情的动作,生动地表现出思妇内心的惆怅和迷惘。这样的"深情痴语"也是古诗词中常见的写法,宋晏殊《蝶恋花》中说"明月不谙离恨苦,斜光到晓穿朱户"就是用对月光的埋怨来表达出内心的相思之苦。

三、1. "可怜"在古诗词中的出现频率很高,但与现代汉语中的双音节复合词"可怜"不同,古代汉语中的"可怜"是两个文言单词,具有助动词"可"和动词"怜"的意义与作用,含义要广泛得多。说它广泛,是指它除了本义外,还有一大群引申义。它的本义是怜悯、值得怜悯。但在不同的语境中又可引申为不同的意思。因此要了解语境,灵活掌握。一般来讲,"可怜"有以下几种理解:

第一种:可爱,值得爱怜的。如(1)、(2)、(3)句

第二种:怜悯,值得同情。如(4)句

第三种:可惜,可叹,令人感慨的。如(5)句

第四种:值得羡慕的。如(6)句。

2. 卢照邻《长安古意》的这几句诗写出了时间的流逝,沧海桑田的变化和昔盛今衰的残酷,表达了一种盛衰之慨;刘希夷《代悲白头翁》则在深微的叹息声中,蕴含一种生命意识的觉醒,有对自然的周而复始与青春转瞬即逝的领悟,表达了对青春易逝、生命短促的悼惜之情。而张若虚《春江花月夜》是由时空的无限,遐想到了生命的无限,表现出一种更深沉、更寥廓的宇宙意识,一种更乐观更豁达的生命体验。三首作品都是初唐诗歌的代表作,但从盛衰之感,到生死之慨,再到寥廓的宇宙意识,在诗歌意境的创造上不断进展,

为盛唐诗歌的到来做了艺术上的准备。
3.略

燕 歌 行

一、1.(1) pèi　(2) wēi yí　(3) jié　(4) féi　(5) zhù　(6) jì
2.(1)烽烟和尘土,此处指敌军入侵。　(2)在战场上纵横驰骋。　(3)面子,光彩。　(4)沙漠。(5)泛指边关战争之地。　(6)仗势侵犯。　(7)半死半生,死伤惨重。　(8)病,枯萎。　(9)玉筯,此指思妇的眼泪。　(10)随风飘荡的样子。　(11)战云。　(12)为国家献身。
3.岑参,边塞

二、1.用对比的手法,揭露了将军和士兵的矛盾,揭示了战争失败的原因,批判了边塞将领只知寻欢作乐、不思报国的行为。
2.描写了大漠、塞草、孤城、落日等意象;营造了凄凉哀伤的意境。
3.李广:骁勇善战,足智多谋,身先士卒,不贪功,爱士兵。诗歌中将领:无勇无谋,恃勇轻敌,远离前线,寻欢作乐,好大喜功,不问士兵死活。
作用:将李将军与如今将领进行对比,表达了作者对李将军关爱士卒的赞誉,以及对如今将领好大喜功的讽刺与批判,同时也表达了作者盼望有勇有谋的将领带领大家取得胜利。

三、1.(1)开篇描写"大雪""寒风"等景物,营造了一种凄凉哀伤的气氛。　(2)表达了征戍士卒对家乡的思念之情。　(3)用彼此吹和的笛声,将读者带进一个悲中见壮的意境,表达相思之情;《行路难》既指古曲《行路难》,也指征途艰难,表达征人思亲之情。
2.示例:(1)描写边塞独特的自然景观,表达对雄奇壮丽、奇异独特的边塞风光的赞美;(2)表现将士渴望保家卫国、建功立业,不惜为国捐躯的壮志豪情;(3)表现塞外环境的恶劣、生活的艰辛以及连年征战的艰苦;(4)将士思亲、思乡的浓重愁思;(5)控诉战争给人民带来的灾难和痛苦;(6)对战争的厌恶,揭露军中苦乐不均,批判边将腐败无能,统治者穷兵黩武。

梦游天姥吟留别

一、1.(1)通过、经由。　(2)斜插。　(3)本是形容词,指声音之大,这里作动词用,震动。
(4)迷离恍惚,心神不定的样子。　(5)使……战栗。　(6)天色已晚。　(7)睡醒,醒来。　(8)闪电。闪电作时,犹如天上裂开缝隙,故称"列缺"。
2.(1)① 有时　② 有时　(2)① 经过　② 凭借　(3)① 副词,暂且、姑且　② 连词,又,表并列关系
(4)① 怎么,疑问词　② 哪里,宾语前置
3.(1)天姥连天向天横,势拔五岳掩赤城。天台四万八千丈,对此欲东南倾。(2)半壁见海日,空中闻天鸡。(3)霓为衣兮风为马,云之君兮纷纷而来下。虎鼓瑟兮鸾回车,仙之人兮列如麻。

二、1.(1)从幽静的湖月到壮观的海日,从千岩万转的道路到令人惊恐战栗的深林层巅,再到色彩缤纷的神话世界,使诗人苦闷的灵魂得到真正的解放。而神仙世界的壮丽景色,非凡人物,惊心炫目,光耀夺人,表达了诗人对理想生活的向往和追求,特别是洞天世界的日月灿烂、仙人盛会的雍容和睦,反衬了现实的黑暗,诗人一心遨游仙境,正是对黑暗现实的憎恶。

81

(2)"忽"写出了好梦不常、好景不再的惆怅;"恍"写出了梦幻破灭的心神不定和烦恼;"惟"表现了对梦醒的遗憾,"失"写出了不得不面对现实的痛苦。这四句写仙境倏忽消失,梦境旋即破灭,不能随心所欲地在梦幻中翱翔,只能沉甸甸地躺在枕席之上面对丑陋的现实。这种失落而痛苦的心情,正是作者对现实的不满和对理想的追求。

(3)诗中运用丰富的想象和大胆的夸张,生动地描写了壮观的梦境、灿烂的仙境,是李白浪漫主义风格的突出表现。以七言为主,杂用四、五、六言句,句法错落有致。用韵变化多端,使人感受到诗人狂放的性格、奇绝的想象、忽高忽低的感情流程,内容和形式达到高度统一。

2."如此"从表面看是指上文描写的梦中的景象,这种景象虽缤纷多彩,却也稍纵即逝。这一句意思是说,自古以来万事万物都像东流水一样一去不还,人世间的欢乐也是如此,像梦境一样短暂而无从把握。

这其中包含着诗人对人生的几多失意和深沉的感慨,是有些消极的成分的,但结合作者的处境和诗歌结句所说:"安能摧眉折腰事权贵,使我不得开心颜!"可以看到,诗人的思想是曲折复杂的,既有对现实的失望不满和逃避,但更有一种不屈的反抗精神。

三、1.(1)形式上杂言相间(全诗杂用四言、五言、六言、七言、九言),兼用骚体(兮),不受律束,体制解放,用韵自由(诗中几次换韵)。

(2)信手写来,笔随兴至,篇幅较长,容量较大。

2.(1)①《梦游天姥吟留别》中的"仙境"虽然热闹、欢乐,但诗人却不在其中;而《古风》中的诗人则应邀与仙同游。②《梦游天姥吟留别》中的"仙境"表现了诗人对自由生活的向往,而《古风》则表现了诗人出世的思想。

(2)末四句描写了现实生活景象,此处由幻想到现实,抒发对苦难人民的深切同情和对残暴叛军的切齿痛恨,表明诗人忧国忧民的思想感情。

琵琶行

一、1.(1)贬官 (2)坦然,安然的样子 (3)畅快 (4)总共;字 (5)代之音乐 (6)低头 (7)泪痕纵横的样子 (8)忽然、一下子

2.(1)次年,第二年;今年的下一年。(2)于是写了;连词,表示原因或理由。(3)冲撞而出;鼓出来或超出一般地显露出来。(4)对着中心;小心,留神。(5)整理;多指组织、纪律、作风的健全和整治。(6)容貌;色彩,颜料或染料。(7)年纪大了;排行第一的人。(8)原先,先前;朝着前面的方向。

3.(1)忽闻水上琵琶声,主人忘归客不发。寻声暗问弹者谁?琵琶声停欲语迟。移船相近邀相见,添酒回灯重开宴。(2)千呼万唤始出来,犹抱琵琶半遮面。(3)转轴拨弦三两声,未成曲调先有情。(4)轻拢慢捻抹复挑,初为《霓裳》后《六幺》。(5)嘈嘈切切错杂弹,大珠小珠落玉盘。(6)间关莺语花底滑,幽咽泉流冰下滩。(7)别有幽愁暗恨生,此时无声胜有声。(8)东船西舫悄无言,唯见江心秋月白。

二、1.前文调动诸多艺术手段正面描写琵琶女高超的技艺,最后写周围船上的人都沉浸在琵琶曲创造的美妙境界中,更为充分地传达出乐曲强大的艺术魅力,这是一种侧面烘托的写法。同时,"唯见江心秋月白"一句写景,将听者的感受和眼前的景物融为一体,创造了纯净而深远的诗歌意境。

2.这14句描写琵琶乐曲的音乐形象,写它由快速到缓慢、到细弱、到无声、到突然而起的疾风暴雨,再到最后一划,戛然而止,诗人在这里用了一系列的生动比喻,使比较抽象的音乐形象一下子变成了视觉形象。这里有落玉盘的大珠小珠,有流啭花间的间关莺语,有水流冰下的丝丝细细,有细到没有了的"此时无声胜

有声",有突然而起的银瓶乍裂、铁骑金戈,它使听者时而悲凄、时而舒缓、时而心旷神怡、时而又惊魂动魄。

三、① 两首作品都将对音乐的描写和对景物的描写结合起来,都用夜江景、水月映照,创造出空灵明净、澄澈宁谧的气氛。② 都采用了侧面烘托的手法,用听者的感受表现出音乐的魅力。③《琵琶行》中有大段对音乐形象的正面描摹,细腻而形象;《江夜》意境近似唐人绝句,含蓄凝练,深婉清幽,绵邈隽永。

图书在版编目(CIP)数据

语文. 一年级. 上册. 积累与应用 / 杨九俊,汪政主编. —南京:南京大学出版社,2020.7(2021.8 重印)
高等学校教师教育规划教材
ISBN 978-7-305-23539-9

Ⅰ.①语… Ⅱ.①杨…②汪… Ⅲ.①大学语文课—高等学校—教材 Ⅳ.①H193.9

中国版本图书馆 CIP 数据核字(2020)第 113715 号

出 版 者	南京大学出版社
社　　址	南京市汉口路 22 号　邮 编 210093
网　　址	http://www.NjupCo.com
出 版 人	金鑫荣

书　　名	语文(一年级上册)·积累与应用
主　　编	杨九俊　汪　政
责任编辑	荣卫红　　　　编辑热线　025-83685720
照　　排	南京紫藤制版印务中心
印　　刷	丹阳兴华印务有限公司
开　　本	787×1092　1/16　印张 5.5　字数 116 千
版　　次	2020 年 7 月第 1 版　2021 年 8 月第 2 次印刷
ISBN	978-7-305-23539-9
定　　价	18.00 元

发行热线　025-83594756
电子邮箱　Press@NjupCo.com
　　　　　Sales@NjupCo.com(市场部)

＊ 版权所有,侵权必究
＊ 凡购买南大版图书,如有印装质量问题,请与所购图书销售部门联系调换